DÉDALE
L'HOMME-OISEAU

Conforme à la loi n°49.956 du 16 juillet 1949
sur les publications destinées à la jeunesse.
Dépôt légal : octobre 2010
ISBN : 978-2-84801-412-8
Imprimé en Chine

Viviane Koenig

DÉDALE
L'HOMME-OISEAU

Illustré par Mélisande Luthringer

Tourbillon

Jours de joie au palais

Que la ville est belle en ce matin d'été ! Dans les rues d'Athènes, les hommes marchent à grands pas. Ils ont mille choses à faire avant la chaleur de midi. Bien qu'ils soient pressés, ils s'arrêtent souvent pour bavarder à l'ombre des cyprès, puis repartent, toujours affairés, suivis par leurs esclaves.

Ils passent sans les voir près des femmes qui remplissent d'eau fraîche leurs amphores à la fontaine. Elles échangent les dernières nouvelles ou se donnent des conseils en profitant de la fraîcheur du petit matin.

Des enfants jouent à la balle, indifférents aux bruits secs des poteries qui s'entrechoquent, aux éclats de voix et aux rires.

Un chien à l'œil triste flaire le sol à la recherche de son chemin tandis que des oiseaux planent dans un ciel teinté de rose.

Pendant qu'Athènes s'éveille, tout près de là, au

palais royal, la reine Alcippé met au monde son premier fils. Vite lavé, vite séché et enveloppé de linges blancs par les servantes, l'adorable bébé s'endort déjà. Il a l'œil vif, le bras agile, le cheveu sombre et la bouche gourmande. Une merveille de bébé ! Alcippé devrait être heureuse et pourtant elle s'inquiète.

« Son père l'aimera-t-il ? se demande-t-elle. L'acceptera-t-il dans la famille ? »

La reine a raison de s'angoisser car, à Athènes, un père a le droit de refuser son enfant. Il peut abandonner son nouveau-né en un endroit sauvage, laissant les dieux décider de son sort : être recueilli par un voyageur, un voleur, un berger ou, pire encore, mourir de faim !

Alcippé attend donc son mari le cœur battant.

« Mon enfant doit vivre », murmure-t-elle en relevant ses cheveux noirs qu'elle serre en un chignon maintenu par une écharpe.

Intelligente et volontaire, la reine est ravissante avec ses yeux noirs bien fendus, riants et doux, son nez droit, son front haut et son visage à l'ovale parfait.

Les heures passent. La chaleur devient lourde. La reine somnole quand elle entend, enfin, des bruits de pas, une porte qui claque. Le jeune père entre dans ses appartements.

– Comment va la reine ? Et le petit, où est-il ? demande-t-il aux servantes d'une voix nerveuse.

Sans attendre leur réponse, il pénètre dans la chambre de la reine. Au premier regard, le voilà tout attendri. Il prend le nouveau-né dans ses bras, l'embrasse, le caresse.

– Mon fils, murmure-t-il, mon adorable petit prince. Que tu es beau ! Tu t'appelleras… Dédale.

« Dédale ? Quel nom étrange ! songe Alcippé qui, par prudence, garde le silence de peur d'irriter son mari. Mais qu'importe son nom puisqu'il vivra. »

– Regarde comme il est beau, répète-t-il.

– Il est merveilleux, reconnaît la reine.

Et sa peur disparaît, laissant place à un immense bonheur quand le roi murmure :

– Merci de m'avoir donné ce fils, Alcippé.

Après dix jours de fêtes, de banquets, d'offrandes et de prières aux dieux et aux ancêtres de la famille, la vie quotidienne reprend son cours.

De jour en jour, le jeune prince grandit en intelligence en force et en sagesse. Il est la fierté de ses parents, le préféré des serviteurs du palais et, certainement, le protégé des dieux et des déesses de Grèce.

Entouré de tant d'amour, Dédale grandit vite, si vite qu'il fait plus grand que son âge, plus sérieux, plus intelligent.

Lorsqu'il fête son premier anniversaire, il semble avoir deux ans. Lorsqu'il fête ses deux ans, il semble en avoir trois !

Peu après son quatrième anniversaire, un soir, comme tous les autres soirs, la reine s'attarde près de Dédale plus que d'habitude. Elle lui caresse la joue et fredonne une chanson douce pour l'endormir.

– Mon petit, tu as la beauté et l'intelligence d'un dieu, murmure Alcippé, tout attendrie, car le sang divin de Cécrops, fils de la Terre, coule dans nos veines, les tiennes comme les miennes. Le sais-tu ?

Les yeux étincelants de fierté, elle embrasse les cheveux bouclés de son jeune prince.

– Je sais, lui répond Dédale, tout ensommeillé. Je suis l'arrière-petit-fils du dieu Cécrops qui a régné sur Athènes aux temps anciens. Mais quand exactement ? demande-t-il de sa toute petite voix.

Pour lutter contre le sommeil, il s'assied sur son lit, se frotte les yeux et attend.

– Il y a... bien longtemps, hésite Alcippé qui ne peut lui répondre avec plus de précision. Cécrops était aimé et respecté de tous. Bon, fort et prudent, personne ne se moquait de sa longue queue de serpent surmontée d'un corps d'homme.

Songeuse, elle lui sourit.

– Est-ce qu'un jour j'aurai moi aussi une queue de serpent ? s'affole l'enfant.

– Non, ne t'inquiète pas, tu garderas tes deux jambes, comme moi ! le rassure la reine en riant. Maintenant allonge-toi, ferme les yeux et dors.

– Pas encore, supplie-t-il. Raconte-moi...

Mais, malgré tous ses efforts, Dédale s'endort.

Les mois et les années passent vite au palais, jours de bonheur et de découvertes.

Poussé par la curiosité, le jeune prince explore le palais, ses cours, ses salles, ses couloirs et ses cuisines. Les écailles des poissons que les servantes préparent, le vol des oiseaux dans le ciel, la forme des nuages ou l'éclat du soleil... tout l'intéresse.

Il adore se promener dans les rues d'Athènes qui, en ce temps-là, n'est qu'une petite ville. Il s'arrête souvent pour regarder vivre les gens. Il écoute leurs conversations et n'hésite pas à suivre un chien ou un chat errant. Il admire, critique, interroge. Il a envie de tout voir, de tout savoir. Mais ce que Dédale préfère, c'est le quartier des artisans avec son agitation continuelle, ses odeurs fortes et ses bruits assourdissants. Il aime observer les forgerons, les potiers ou les sculpteurs au travail. Fasciné, il les questionne longuement et écoute leurs réponses d'un air sérieux. Malgré son jeune âge, Dédale semble les comprendre !

De retour au palais après ces promenades, le moindre jeu devient pour lui un moment de réflexion. Lorsqu'il joue aux osselets, agite ses castagnettes ou fait tournoyer sa toupie, il étudie leur mouvement, leur vitesse, leurs couleurs. Pendant des heures, il glisse ses dés dans un cornet, les secoue, les écoute tinter et les jette soudain. Il les regarde tomber, rouler, s'arrêter. Il étudie leur trajectoire, le résultat obtenu, puis il les ramasse et recommence.

Dédale ne déteste qu'une chose, dormir, car il pense alors perdre son temps.

Athènes au temps de Dédale

Appelée Cécropeia en ces temps anciens, Athènes n'était alors qu'une toute petite ville dans une Grèce divisée en une douzaine d'États minuscules, ayant chacun son chef. La cité se compose probablement déjà d'une ville basse, avec des maisons, des ateliers pour les artisans, des marchés, des ruelles étroites et malodorantes, et d'une ville haute, l'Acropole, réservée aux temples des dieux, zone fortifiée qui permet de s'y réfugier en cas de guerre.

Cécrops, le dieu-serpent

Les légendes racontent qu'un jour, Cécrops est né sous la forme d'un serpent surgissant du sol dans un petit coin de Grèce, qui s'appelle alors Cécropeia puis Athènes. Roi pacifique, le dieu-serpent a appris aux hommes à construire des villes, à enterrer leurs morts. On raconte aussi qu'il a inventé l'écriture.

UN PRINCE DE GÉNIE

Quelques années plus tard, beau jeune homme aux cheveux bouclés, Dédale est devenu un sportif excellent. Il sait manier les armes à la chasse comme à la guerre. Il est aussi le meilleur des artisans et le plus extraordinaire des savants. Forgeron, potier, architecte et sculpteur, il sait tout faire.

Transformer un bloc de pierre en statue ou de la terre argileuse en vase est pour lui un immense bonheur. Tailler et placer comme il convient des pierres et des poutres de bois pour obtenir un bâtiment solide, utile et beau en est un autre. Après chaque réussite, le cœur du prince bat plus vite et vivre lui semble plus délicieux encore.

Les Athéniens le connaissent et l'admirent. Ses parents sont fiers de lui. Tous savent que les dieux et les déesses de Grèce veillent sur leur jeune prince depuis toujours, qu'ils l'aident aussi, très certainement.

On parle de Dédale dans toute la région. On s'émerveille. On le regarde, dans son atelier ou sur un chantier. On s'étonne lorsqu'il utilise, après les avoir inventés, un fil à plomb permettant de construire des murs bien verticaux, une vrille perçant le bois ou une colle d'une grande efficacité...

« Que va-t-il encore imaginer ? » se demande-t-on.

Et voilà qu'un matin, Dédale entre à grands pas dans son atelier, l'œil plus brillant que d'habitude. Le projet extraordinaire qui lui trotte dans la tête depuis des semaines va prendre forme aujourd'hui.

Il ne peut plus attendre.

Il ne doit plus attendre.

Il a pensé à tout.

Il veut sculpter une statue différente de toutes celles qui existent : créer un homme de pierre, non pas les jambes jointes, mais un pied en avant, comme un homme qui marche.

Se glissant par la porte grande ouverte, les rayons du soleil illuminent l'énorme pierre blanche qui l'attend dans son atelier. Dédale se sent prêt, plein d'énergie créatrice.

Sans perdre un instant, il saisit ses outils et frappe l'énorme bloc. Un coup sec. Un éclat de pierre tombe à ses pieds, suivi de beaucoup d'autres. Il frappe, frappe encore. Il recule pour avoir une vision d'ensemble et frappe à nouveau.

Pendant des jours et des jours, Dédale s'acharne sur sa pierre au milieu d'un nuage de poussière. Indifférent à la fatigue, à la chaleur et au bruit, il travaille sans relâche, mangeant et dormant peu.

Quand, enfin satisfait, il contemple sa statue, elle lui semble si vivante qu'il se dépêche de la fixer sur son socle, de peur qu'elle ne prenne la fuite.

Les dieux et les déesses de Grèce dirigent sa main jour et nuit.

Émerveillée par le talent de son frère Dédale, la princesse Perdix décide de lui confier l'éducation de son fils, Talos, un garçon de douze ans à peine, à l'œil pétillant de malice et à l'esprit vif. Elle est certaine de choisir pour lui le meilleur des maîtres.

Flatté, Dédale accepte d'apprendre à son neveu tout ce qu'il sait, heureux d'avoir cet apprenti qui l'aidera et lui permettra de travailler plus vite encore.

Rien de plus normal en Grèce car le père enseigne toujours à son fils les secrets de son métier. Là, ce sera l'oncle.

Désormais, chaque matin, Talos rejoint Dédale dans son atelier. Il le regarde faire, l'écoute, l'imite et l'admire. Il le seconde du mieux qu'il peut et lui obéit sans discussion.

Le jeune élève apprend vite, très vite.

Les semaines et les mois passent.

Dans la chaleur de l'atelier, l'oncle et le neveu s'entendent à merveille. Jamais de cris, jamais de disputes. Attentif, Talos se révèle rapide, intelligent et habile. Il comprend instantanément et retient tout. Mieux encore, il devine les besoins de son oncle et sait les satisfaire. Quant à Dédale, à la langue aussi habile que les doigts, il lui explique son art en peu de mots, bien choisis, accompagnés de quelques gestes. Mais il surveille son apprenti et intervient toujours au bon moment.

Un jour, comme son maître n'a pas besoin de lui, Talos part se promener au bord de la mer proche

d'Athènes. Il fait chaud. Le soleil ruisselle sur les rochers, fait briller les grains de sable de la plage, les coquillages nacrés et les vagues lointaines.

Ébloui par la forte lumière du soleil, Talos marche tête baissée, quand il découvre le squelette d'un serpent, à moitié enseveli dans le sable. Étonné, il s'arrête pour examiner sa découverte. Il admire la petite mâchoire aux dents fines et serrées. Il la tourne et la retourne dans ses mains. Il l'ouvre, passe son doigt sur les dents pointues. Il réfléchit.

Il reste là longtemps, solitaire, concentré, avant de rentrer en courant à Athènes. Il file directement à l'atelier et se met au travail.

Son oncle Dédale n'est pas là, mais qu'importe, il sait ce qu'il veut faire.

Après avoir glissé un morceau de fer ni trop gros ni trop petit au bout d'une pince, Talos le met au feu puis, armé d'une lourde masse, il le frappe de toutes ses forces. Il l'aplatit, le martèle tant et si bien qu'il obtient une lame longue et fine. Il frappe, frappe encore et cisèle dans le métal chaud des dents fines et serrées comme celles du serpent.

Une scie !

Bien sûr, dès le lendemain, Dédale admire l'invention de son neveu et le félicite. En fait, ses sourires crispés cachent un cœur douloureux, une gêne indéfinissable, horriblement désagréable. La gorge nouée, il regrette de ne pas avoir ciselé de petites dents dans le métal. Il aurait dû y penser.

Pourquoi ne l'a-t-il pas fait ? Une question qui reste sans réponse.

Furieux de ne pas avoir réalisé lui-même cette trouvaille, dévoré de jalousie, Dédale envie Talos en qui il découvre non plus un apprenti, mais un rival !

Les artisans et les dieux

Dédale est à la fois prince et artisan travaillant de ses mains dans un atelier. Cela n'a rien d'étrange car, en ces temps anciens, les sculpteurs, potiers, forgerons ou charpentiers, tous les artisans sont des « initiés » proches des dieux. Ils travaillent sous l'inspiration des dieux et connaissent leurs secrets. Quand ils créent un objet, c'est le dieu lui-même qui en est le créateur. Preuve que leur science est d'origine divine, leurs œuvres sont immortelles, éternellement jeunes, comme les dieux ! Les artisans utilisent des outils de bronze, de bois et de pierre : cognée, marteau, tenaille, équerre, double hache… Autant d'outils donnés aux hommes, dit-on, par Héphaïstos, le dieu-forgeron, par Athéna, la déesse-guerrière, et bien d'autres encore.

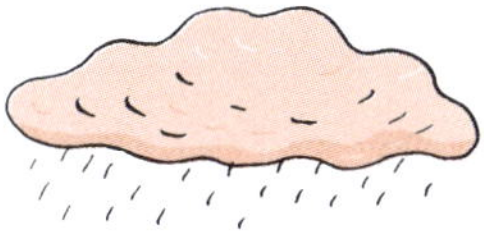

Jalousie

Fier de son premier succès, Talos n'imagine pas un instant la jalousie de son oncle. Il cherche de nouvelles idées. Et des idées, il n'en manque pas.

Un soir, peu avant le dîner, à l'heure où l'ombre emplit toutes les rues, Talos joue avec deux tiges de métal de même taille. Sans trop savoir pourquoi, il les accroche l'une à l'autre à une extrémité avec une lanière de cuir.

– Que fais-tu ? s'inquiète Dédale en le voyant assis sur le sol poussiéreux de l'atelier à tripoter ces petits riens. Tu perds ton temps. Va donc dîner !

– Je réfléchis, mon oncle, je réfléchis, répond l'enfant.

Tandis qu'une vague de haine monte en lui, une vague impossible à retenir, Dédale observe son neveu, l'œil noir et les sourcils froncés. Comme il déteste maintenant ce joli visage aux traits réguliers, ces longs cheveux bruns et ces doigts agiles ! Excédé, il lui lance d'une voix sèche :

– Tu réfléchis trop, petit !

Puis, haussant les épaules, il reprend le ponçage d'une statuette, mais il tremble de fureur mal contenue.

– C'est curieux, continue Talos en faisant tournoyer l'étrange objet qu'il a en main, lorsqu'une des tiges reste en place, l'autre trace un cercle. Regarde, mon oncle ! Avec cet outil, je dessine dans la poussière des cercles parfaits, absolument parfaits !

– Que dis-tu ? grogne Dédale.

Énervé, il passe sa langue sur ses lèvres sèches, délaisse un instant son travail et tente, une dernière fois, de refouler la jalousie qui l'envahit. En vain.

– Après la scie, Talos, voilà que tu inventes le compas ! se moque méchamment Dédale, la rage au cœur. C'en est trop. Termine donc le travail que je t'ai confié.

Fier de sa seconde invention, le jeune garçon se prend pour le plus grand savant d'Athènes ! Croyant tout savoir, il désobéit à son oncle et se permet de lui donner des conseils. Sa mère Perdix voit en lui un véritable génie et en parle sans cesse au palais.

L'élève a-t-il surpassé le maître ?

Certainement pas, et les conseils de Talos sont parfois bien stupides.

Désormais, tout au long du jour, dans la chaleur de l'atelier, Dédale et Talos travaillent côte à côte, mais se parlent peu. L'ambiance devient pesante.

Le maître supporte mal les insolences de l'enfant. Sa présence même lui est pénible. La nuit, le sommeil ne vient plus. Le jour, une boule de haine lui noue la gorge et une voix lui répète sans cesse : « Talos a plus de talent que toi, Talos a plus de talent que toi... »

Peu à peu, une idée abominable naît en son esprit et Dédale décide d'éloigner définitivement Talos de son atelier, d'Athènes, de Grèce...

« C'est lui ou moi, se dit-il. Il faut en finir, mais comment ? »

Sa décision prise, il se sent mieux car il va agir.

Le lendemain matin, assis sur une chaise basse à la porte de son atelier, Dédale cherche toujours le moyen de se débarrasser de son rival. L'affaire est difficile. Tandis qu'il attend son apprenti, en retard comme d'habitude maintenant, il met au point un plan infaillible. Enfin satisfait, il abandonne sa chaise au soleil pour retrouver avec plaisir ses outils et une belle pierre à sculpter.

La journée passe vite. Le soir venu, Dédale propose à Talos de l'accompagner sur l'Acropole, la ville haute construite sur la principale colline d'Athènes, une colline aux pentes raides.

La nuit tombe lorsque l'oncle et le neveu gravissent l'étroit sentier montant sur l'Acropole. Il fait terriblement chaud.

– Je sens venir l'orage, s'inquiète l'enfant. Rentrons.

D'un geste, il chasse la mouche qui lui chatouille le bras. Il se retourne pour apercevoir la ville en contrebas et, plus loin, le palais où sa mère l'attend.

– Allons, dépêche-toi ! ordonne Dédale. Nous y sommes presque, ajoute-t-il en se dirigeant à grands pas vers le temple de la déesse Athéna.

De lourds nuages noirs s'amoncellent dans le ciel sombre, cachant les premières étoiles.

Au loin, le tonnerre gronde.

L'oncle et le neveu poursuivent leur chemin en silence.

La pluie se met à tomber.

Inquiet et trempé, Talos voudrait redescendre vers la ville, mais il craint non de déplaire à son maître, mais de marcher seul dans la nuit, sous l'orage.

– Nous y sommes, lui dit enfin Dédale en s'approchant de la partie la plus abrupte de la colline. Viens voir, approche-toi et donne-moi un conseil.

Flatté, l'orgueilleux Talos oublie sa peur.

– Pour bâtir le bâtiment dont je te parlai ce matin, continue Dédale d'une voix douce, il faudrait placer là une première série de pierres, mais... Approche donc !

– J'arrive mon oncle… J'arrive.

Soudain, d'un geste rapide, Dédale pousse son neveu dans le vide.

Déséquilibré, Talos tombe, tombe…

– Aaahhh ! hurle-t-il.

Il heurte de lourdes pierres, rebondit, roule. Rien n'arrête sa chute.

– À l'aide… Au… secours…

Le vent emporte ses cris. L'obscurité de la nuit le cache. Un éclair zèbre le ciel. Le tonnerre gronde.

« Ce jeune idiot qui croyait tout savoir va s'écraser au sol, se réjouit Dédale. Ce génie va se briser les os sur une pierre, s'écraser contre un cyprès ou un olivier, qu'importe. Adieu, Talos ! »

Dans la nuit noire illuminée d'éclairs, seule la déesse Athéna entend les hurlements de Talos. Sans perdre un instant, elle court vers lui, l'attrape au vol et le transforme en oiseau, en perdrix, la première perdrix du monde.

Grâce à elle, Talos ne se brise pas les os sur une pierre, ne s'écrase pas contre un arbre.

Grâce à elle, il vivra longtemps, libre et heureux, dans le ciel lumineux d'Athènes.

L'Acropole

Construite sur une colline escarpée, l'Acropole d'Athènes offre un refuge sûr, d'où l'on domine la mer et la plaine. Vraisemblablement, aux premiers temps de la cité, le palais royal, quelques habitations et les temples dédiés aux divinités protectrices y furent bâtis. Sans cesse construite et reconstruite au fil des siècles, l'Acropole devient le domaine des dieux, avec des temples somptueux, tout particulièrement celui de la déesse Athéna.

La déesse Athéna

Fille de Zeus, le roi des dieux, et de la sage déesse Métis, Athéna naît un jour de la tête de son père Zeus. Elle porte déjà des armes : casque, bouclier, lance ! Intelligente et majestueuse, on l'appelle la « déesse aux yeux pers » car ses yeux ont une couleur merveilleuse, entre le vert et le bleu. Bien vite, comme toutes les divinités, Athéna veut étendre son influence sur les cités grecques. La ville où règne Cécrops retient son attention. Hélas, Poséidon, le dieu de la Mer, la convoite aussi. Ils y vont donc tous deux. D'un coup de trident, Poséidon fait jaillir sur l'Acropole une source d'eau salée, tandis qu'Athéna plante un olivier. Il faut les départager. Zeus et douze dieux décident en faveur d'Athéna. C'est ainsi, racontent les légendes, qu'Athéna devient la déesse protectrice de la ville qui prend son nom : Athènes.

Vengeance ou justice

Son rival éliminé, Dédale se sent heureux comme il ne l'a pas été depuis longtemps. Dans l'obscurité de la nuit, il descend gaiement le sentier menant à la ville basse. Arrivé au pied de l'Acropole, il cherche le corps de Talos sous une pluie battante. Il cherche, cherche encore, mais ne le trouve pas.

« Où est-il donc passé ? bougonne-t-il. Cet enfant ne m'apporte vraiment que des soucis. »

Seul, sous le vent, le tonnerre et la pluie, la tunique trempée, le front barré de rides, Dédale s'inquiète. Il cherche encore. Il veut absolument récupérer le cadavre de son neveu pour lui couper les pieds, les mains, les oreilles, le nez. Ainsi mutilé, croit-il, Talos ne pourra jamais revenir sur terre parmi les vivants pour le punir et se venger.

L'orage s'éloigne enfin. La pluie cesse.

Préoccupé de ne pas avoir retrouvé le corps de Talos,

Dédale abandonne ses recherches et rentre au palais. Il décide d'expliquer la mort de l'enfant par une chute accidentelle du haut de l'Acropole, mais que dire de la disparition du cadavre ? Il l'ignore.

Talos est-il mort ou vivant ? Un dieu l'a-t-il emporté ? La foudre l'a-t-elle brûlé ? Un vautour l'a-t-il dévoré ?

Se posant mille et une questions, toutes sans réponse, Dédale va directement chez sa sœur pour lui annoncer la mort de son fils. Il ne remarque pas la perdrix qui vole dans le ciel et semble l'accompagner.

Malgré la fausse tristesse, les explications et les gémissements de Dédale, Perdix ne croit absolument pas ce qu'il lui raconte.

– Il s'est trop approché du bord, répète son frère. Avec la pluie, il a glissé.

Dédale sent le regard de Perdix peser sur lui, le transpercer. Elle le fixe longuement et semble lire en son cœur.

– Tu as tué mon fils ! hurle-t-elle. Assassin !

Le visage blême, les lèvres pincées, elle s'approche de lui, menaçante.

– Assassin ! Assassin ! Que les dieux et les déesses…

– Le sol était mouillé et… Voyons, ma sœur, c'est un malheureux accident.

Dédale baisse les yeux. Il prend un air malheureux et tente de faire couler quelques larmes. Mais Perdix, avec qui il a si souvent joué, bavardé ou ri, le connaît trop bien.

– Menteur ! crie-t-elle.

– Calme-toi.

– Où est mon fils ? Où est son corps que je puisse l'enterrer dans une tombe digne de lui ? Qu'en as-tu fait, misérable ?

– Je l'ai cherché, mais avec l'obscurité…

– Qu'as-tu fait de mon petit ? Parle. Parle donc !

Dédale se défend si mal que à l'aube du lendemain, la princesse Perdix porte plainte contre son frère devant le roi son père. Elle l'accuse d'avoir assassiné Talos et réclame justice.

Aussitôt, le roi réunit tous les hommes de la famille en Conseil. Une enquête est ouverte, rapide, mais décevante. Aucune preuve, aucun témoin du meurtre, si meurtre il y a eu, aucune trace de Talos. Pas de cadavre, pas même quelques gouttes de sang.

Pourtant, personne n'a revu l'enfant depuis cette nuit d'orage.

L'enquête achevée, le jour du procès arrive vite.

Les membres du Conseil de famille se réunissent dès l'aube. Ils ont la mine sévère et l'œil grave. Avant de commencer, ils prient les dieux et leur font des offrandes, comme toujours en Grèce avant une réunion, une fête ou un voyage.

Ceci fait, en tant que chef de la famille, le roi donne la parole à la princesse Perdix.

Les yeux étincelants de fureur dans son visage dévasté par le chagrin, Perdix accuse son frère de meurtre. Elle parle du génie de son fils, de la jalousie de Dédale envers son pauvre enfant. Elle réclame le corps de Talos et une punition sévère pour le meurtrier.

Ayant dit tout ce qu'elle avait à dire, la princesse s'effondre sur un banc de bois et éclate en sanglots. Elle ne voit pas à travers ses larmes la perdrix aux plumes grises et blanches qui, perchée près d'elle, la regarde tendrement.

C'est Talos qui assiste au procès de son assassin.

À son tour, Dédale prend la parole devant le Conseil de famille. Il jure de son innocence, parle d'un malheureux accident, d'une disparition inexpliquée. Il rougit, se contredit, bafouille.

– Je ne sais rien de plus, conclut-il. Je suis monté sur l'Acropole avec Talos, mais arrivé là-haut, il a glissé... Et j'ignore où...

– Menteur, menteur ! sanglote sa sœur sans même le regarder.

– Talos s'est trop approché de l'à-pic, continue Dédale. Son pied a dérapé.

À l'instant, deux aigles, les oiseaux de Zeus le dieu du Ciel et de la Terre, le roi des dieux, surgissent dans le ciel clair. Ils volent côte à côte au fil du vent, ailes déployées. Ils planent, vont et viennent au-dessus du Conseil de famille en poussant des cris aigus.

Le roi, Perdix, Dédale, les oncles, les neveux et les cousins, tous ceux qui assistent au procès les observent en silence. Terrifiés. Ils savent que la justice divine vient parfois au secours de la justice des hommes.

Soudain, fixant l'accusé de leurs yeux étincelants, les aigles se griffent le poitrail de leurs serres avant de s'éloigner. Épouvantable message des dieux ! Pour eux, Dédale est coupable.

Le procès s'achève presque aussitôt. Après une rapide discussion, le Conseil de famille annonce la sentence :

– Prince Dédale, tu es reconnu coupable du meurtre de Talos ! Condamné à l'exil, tu dois quitter Athènes pour toujours ! Vu la gravité de ton crime, pars immédiatement. Adieu.

Alors, selon la coutume, on le chasse en criant, comme si on voulait sa mort :

– Frappe, ma lance ! Frappe !

L'exil !

Silencieux, Dédale baisse la tête pour cacher ses larmes. Le voilà condamné par les hommes et par les dieux. Mais les dieux eux-mêmes ne se battent-ils pas, ne se haïssent-ils pas ? Parfois le monde résonne de leur fureur. Zeus n'a-t-il pas jeté Héphaïstos du haut du mont Olympe ? La déesse Héra n'est-elle pas jalouse ? Oui, alors ?

Alors, acceptant la sentence divine, Dédale quitte les siens sans se retourner, insensible aux lamentations de sa sœur. Il ne prête aucune attention à la perdrix aux plumes grises et blanches qui le suit de loin.

« J'ai perdu mon fils et mon frère », sanglote l'inconsolable princesse, bien décidée à se pendre à la plus haute branche d'un olivier pour rejoindre son enfant dans la mort.

La justice en famille

En ces temps anciens, les crimes commis dans une famille sont en général jugés par les hommes de cette famille sous l'autorité de son chef. Les personnalités importantes de la ville interviennent très rarement. Parfois, elles tentent de contrôler certains excès du clan, mais ne jugent jamais à sa place. Venger le sang versé est un devoir absolu. La victime l'exige, même si elle vit sous terre, dans le sombre royaume d'Hadès, le dieu des Morts. La victime est pour toujours une force redoutable, un être puissant, obligeant les vivants à le venger, n'hésitant pas à tourmenter ceux qui l'oublieraient. Les Grecs ont très peur des revenants !

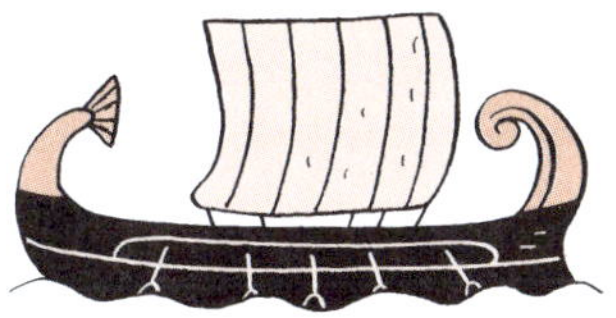

PARTIR SANS UN ADIEU

Le soleil est haut dans le ciel lorsque Dédale quitte Athènes, sa lance à la main, comme tous les voyageurs. Il se dirige vers la mer, seul. Terriblement seul.

A-t-il du chagrin ? Des remords ? A-t-il honte de ce qu'il a fait ou peur de l'avenir ?

Non, Dédale ne regrette rien. Bien sûr, il a tué Talos poussé par la jalousie. Il a été jugé et puni, une peine légère puisqu'il a évité la mort. Heureux d'être toujours en vie, il avance, silencieux et pensif. Il trébuche parfois.

– Me voici exilé pour toujours ! dit-il à haute voix, comme pour se convaincre de sa nouvelle situation. Désormais, je vivrai loin des miens, loin de ma ville, mais je vivrai. Je n'emporte que ma lance, mes trois bijoux, ma tunique, mon manteau de laine, mes sandales et mon chapeau. Une fortune bien mince... Mais peu importe.

Le vent chaud qui vient du large siffle à ses oreilles et le tire de ses rêveries.

Apercevant la mer, Dédale accélère le pas. Il chasse un chien au pelage sombre, qui aboie furieusement sur son passage. Quelques pierres lancées dans sa direction suffisent à le faire fuir.

Il marche longtemps sur cette route qui n'en finit pas.

Malgré le soleil brûlant, il s'arrête un instant, juste le temps de regarder deux aigles qui semblent le surveiller du haut du ciel. Il ignore si ce sont les aigles de Zeus.

Soulevant l'épaisse poussière du chemin, Dédale court presque maintenant, pressé de partir, de découvrir ce que sera sa nouvelle vie. Lorsqu'il arrive sur le rivage, marins, pêcheurs, soldats, marchands et porteurs de toutes sortes se bousculent près des navires. Perdu dans la cohue, il se demande où aller lorsqu'il aperçoit un bateau de commerce aux flancs rebondis et aux extrémités relevées.

« Ce navire vient de Crète, cette île lointaine que l'on dit fort riche, se souvient-il. Voilà ma chance. Son roi a certainement besoin d'un bon architecte. »

Dédale s'approche du navire et, sans hésiter, monte

à bord pour discuter avec le capitaine. L'accord est vite conclu. En échange d'une bague en or, le Crétois accepte d'embarquer ce nouveau passager.

– Attendez ! Attendez ! crie un homme qui arrive sur le rivage, visiblement essoufflé par une longue course.

Dédale sourit car il reconnaît un des serviteurs de sa mère.

– Que fais-tu là ? s'étonne-t-il.

– Je vous cherchais, mon Prince…

– Chut, parle bas car nul ne connaît mon nom ici. Viens.

Obéissant, l'homme monte à bord.

– Voilà de la part de la reine, murmure-t-il en posant à ses pieds, une amphore de vin doux et deux sacs de cuir remplis de farine. Maintenant… Adieu, mon Prince, que les dieux vous soient favorables, ajoute-t-il avant de quitter le navire. Les Athéniens ne vous oublieront jamais.

Et le serviteur disparaît aussitôt.

Déjà, comme toujours avant le départ, le capitaine crétois prie Poséidon, le dieu de la Mer, et lui fait des offrandes. Les prières achevées et les amarres larguées, il dirige la manœuvre, armé d'une longue perche, tandis que ses hommes, de solides gaillards assis à leur banc, rament en cadence.

Le bateau s'éloigne à peine du rivage que les dieux font souffler une brise légère. Dès que le vent forcit, les matelots dressent le mât et hissent les voiles blanches. Les rameurs lèvent leurs rames. Les voiles se gonflent. Le navire s'éloigne et prend de la vitesse.

Barbe fine et cheveux bouclés décoiffés par le vent du large, Dédale écoute le bouillonnement des flots sous la coque. Debout à l'arrière du bateau, il regarde Athènes disparaître pour toujours dans le lointain. Il pleure. Il ne peut retenir ses larmes en pensant à ses chers parents qu'il ne reverra plus.

Il vogue vers la Crète. C'est son premier voyage.

Il a entendu parler de cette île et de son puissant souverain, le redoutable roi Minos. Minos ! Ce nom seul fait trembler tous les Athéniens. Minos aux vaillants soldats et aux nombreux navires ! Minos, le maître de la mer. Minos qui, il y a peu de temps, a combattu et vaincu Athènes !

« Comment m'accueillera-t-il ? s'inquiète Dédale tout en admirant l'habileté des marins. Moi, l'Athénien, l'exilé. »

Jour après jour, sans jamais perdre de vue le rivage car en ce temps-là aucun navire ne se risque en pleine mer, le capitaine et ses matelots évitent récifs, tourbillons, mauvais courants et tempêtes soudaines.

Puisqu'il ne navigue jamais la nuit, de peur de se perdre sur la mer immense, le capitaine jette l'ancre chaque soir. Il choisit un petit port, une anse bien abritée des vents, ou tire le navire sur une plage de sable.

À l'aube, c'est un nouveau départ.

Les Crétois, peuple de marins

Grande île perdue au milieu de la mer Méditerranée, la Crète ne peut vivre isolée. Elle a donc toujours eu des contacts avec les autres îles, les côtes de Grèce, d'Asie mineure, du Proche-Orient ou d'Égypte. Voilà pourquoi les Crétois sont avant tout des marins, ce qui n'est le cas ni des Égyptiens ni des Mésopotamiens. Ils exportent leur huile d'olive, leur bois, leur blé, leurs poteries et même leur vin. Mais leurs bateaux ne reviennent jamais vides. Ils importent de l'or, de l'argent, de l'ivoire, des parfums, des étoffes et des métaux.

Phalère, un joli petit « port »

À l'époque de Dédale, le « port » d'Athènes se situe vraisemblablement dans la rade de Phalère, à une dizaine de kilomètres de la ville. Sa forme et son étendue la rendent accessible par tous les vents, et les navires peuvent facilement y être tirés à sec sur le rivage.

De nombreux petits temples construits sur le rivage permettent de prier les dieux : Athéna, Apollon ou Poséidon. Isolé par d'immenses marais, Le Pirée ne deviendra le grand port de l'Athènes antique qu'au ve siècle avant Jésus-Christ, après leur assèchement.

L'ÎLE DU ROI MINOS

Soudain, après des jours et des jours de voyage, les marins se mettent à rire et à chanter, heureux d'apercevoir une île montagneuse dans les brumes de l'aube, leur île, la Crète !

Dédale se réjouit avec eux, pressé de découvrir cette terre inconnue et de commencer une nouvelle vie. Face à la mer immense, il prie les dieux et leur offre en libation un peu de son vin doux. Il n'y a nulle crainte en son cœur, juste l'espoir d'un bonheur nouveau.

Déjà, le bateau entre dans un port, petit mais charmant. Sitôt les amarres attachées et la passerelle placée, Dédale quitte le navire après avoir remercié le capitaine comme il se doit. Il n'oublie ni son amphore de vin doux ni ses sacs de cuir remplis de farine.

Il retrouve là une agitation semblable à celle des villages de son pays. Des pêcheurs bavardent, leurs poissons suspendus au bout de perches posées sur leurs épaules. L'un d'eux se réjouit d'avoir trouvé un murex, ce précieux coquillage dont on tire la pourpre. Son compagnon l'envie.

Dédale les regarde, les écoute, mais il n'a pas de temps à perdre. Il doit se présenter au roi, comme tout voyageur doit le faire dès son arrivée. Espérant trouver facilement le palais royal, il s'éloigne, suivant au hasard des ruelles dallées qui serpentent entre des maisons à étages avec balcons et terrasses. Sourire aux lèvres et mains tendues, des hommes vêtus de pagnes et des femmes aux robes colorées s'approchent de lui, l'étranger venu de loin avec des habits si différents des leurs. Ils l'invitent pour boire et manger.

– D'où viens-tu, voyageur ? lui demandent-ils. Que fais-tu là ? Entre et repose-toi.

Dédale les remercie, mais il préfère poursuivre son chemin.

Il se perd alors dans un fouillis de maisons basses où des artisans s'affairent. Ici, un potier modèle une coupe sur son tour. Là, de nombreuses poteries, certaines de deux mètres de haut, sèchent au soleil.

Un peu plus loin, un tailleur sculpte un vase dans de la pierre dure, lisse, brillante. Un forgeron travaille le bronze.

Enchanté de découvrir sur cette île lointaine d'habiles artisans, comme à Athènes, Dédale se sent le cœur léger. Il se réjouit à l'idée d'apprendre de nouvelles techniques et abandonne à regret ce quartier pour aller vite se présenter au roi.

Peu après, essoufflé et tout en sueur, Dédale s'arrête devant l'immense portail du palais aux battants grands ouverts. Il hésite un instant avant d'entrer dans la cour inondée de soleil, car il craint le puissant roi Minos comme tous les Athéniens.

– Salut, étranger, sois le bienvenu ! lui dit gaiement un homme jeune et fort bien habillé.

– Salut à toi, noble Crétois ! répond Dédale.

Il pose à ses pieds son amphore et ses sacs, mais, prudent, conserve sa lance à la main. Le jeune homme s'approche. Il le dévisage, garde le silence quelques instants, puis demande avec un léger sourire :

– Que cherches-tu ?

– Je désire voir le roi de ce pays.

– Le roi ! Rien de plus simple. C'est mon cousin…

Il le regarde droit dans les yeux et, semblant deviner ses pensées, il ajoute :

– Ne crains rien, étranger, Minos t'accueillera comme il se doit. Viens.

Aussitôt, le jeune Crétois lui prend sa lance de bronze. Puis, le tenant par la main, il l'entraîne dans la cour, marchant à grands pas vers le palais.

À la porte de la salle d'honneur, Dédale pose ses sacs de farine, son amphore de vin doux, et le Crétois la lance. Silencieux, il suit son guide.

Peu à peu, ses yeux s'habituant à l'obscurité du lieu, il découvre une pièce magnifique au centre de laquelle brûle un feu sur un foyer rond et bas. La fumée s'échappe par une ouverture percée dans le toit et couverte d'une lanterne pour arrêter la pluie. Quatre colonnes de bois peintes en rouge soutiennent le plafond. La décoration des murs, la splendeur des sièges et l'élégance de la salle émerveillent Dédale.

– Installe-toi sur ce fauteuil à haut dossier, lui propose le jeune Crétois en s'asseyant près de lui. Le roi ne tardera pas. Mangeons et buvons en l'attendant.

Déjà, portant une aiguière remplie d'eau et un bassin, une servante s'approche d'eux. Elle verse l'eau parfumée sur leurs mains qu'ils lavent avant de manger avec les doigts, comme le veut la coutume. Puis elle place devant eux des tables basses. Elle apporte une corbeille de pain, un plat de viandes rôties et des coupes à boire remplies d'un délicieux mélange de vin et d'eau.

Dédale et son compagnon dégustent avec plaisir toutes ces bonnes choses.

La Crète et les Crétois

Grande île montagneuse, allongée d'est en ouest, la Crète antique connaît une brillante civilisation dès les années 2000 avant Jésus-Christ et jusque vers 1400 avant Jésus-Christ. C'est une île riche, avec des champs de céréales, des vignobles, des oliveraies et de beaux pâturages. Sur la côte nord, à 6 kilomètres du rivage, s'élèvent la plus belle ville de l'île : Cnossos et son somptueux palais royal. Plusieurs palais-cité semblables existent alors en Crète, mais celui de Cnossos est le plus imposant.

Ses habitants, les Crétois, apparaissent sur les peintures qui décorent certains murs du palais. Ils sont petits, sveltes, la taille fine, la peau brune, les cheveux longs et noirs. Les hommes portent un pagne collant serré par une ceinture, les femmes des robes à volants aux corsages décolletés, parfois ornés de rubans.

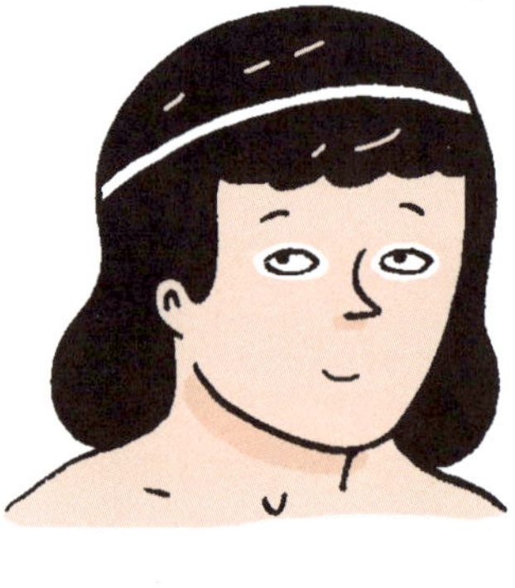

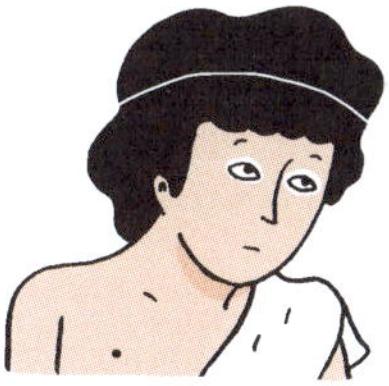

Se Taire ou Avouer

Tout est calme dans la salle d'honneur. La servante emplit encore les coupes des deux hommes. Bien vite, le vin leur tourne la tête et délie la langue du jeune Crétois qui, après avoir beaucoup parlé, s'endort. Brusquement, une porte s'ouvre. Dédale sursaute. Le roi Minos apparaît, un bel homme aux bras musclés, à la poitrine et aux épaules larges. La reine Pasiphaé qui l'accompagne replace une mèche échappée de son chignon. Elle est divinement belle avec sa longue robe colorée et ses bijoux d'or.

– Étranger, mange et bois tout à loisir ! rugit le roi en entrant dans la salle d'honneur.

Dédale pose aussitôt sa coupe sur la table. Il se lève et s'approche de lui.

– Ô généreux Souverain, je viens te supplier de m'accueillir en ton royaume, commence Dédale en se jetant à genoux.

Il sait qu'un exilé doit toujours se présenter ainsi : suppliant le roi, embrassant ses genoux, implorant asile et protection.

– Allons, qui que tu sois, relève-toi ! s'exclame le roi en riant. Jusqu'à ton départ, si tu désires repartir, tu vivras en mon palais la vie de ma famille. Telles sont les lois de l'hospitalité et, ne crains rien, je les connais.

Comme il convient, Dédale répète :

– Ô grand Roi, accorde-moi…

– Nous verrons cela plus tard, étranger. Bois encore et partage notre repas car, vois-tu, quand le pain, le vin et les viandes abondent, voilà, selon mon cœur, la plus belle des vies.

– Étranger, ajoute la reine Pasiphaé, nos serviteurs te prépareront un lit dans le vestibule de la salle d'honneur afin que tu puisses t'y reposer la nuit venue… Allons, vite, que l'on nous serve d'autres viandes rôties, réclame-t-elle en frappant dans ses mains. Nous avons faim.

Aussitôt, des servantes installent des tables basses devant Minos et Pasiphaé. Et, sans attendre, elles servent des mets odorants et des boissons délicieuses pour satisfaire le roi, la reine et leurs invités.

Au centre de la salle d'honneur, le feu crépite. Sa lumière se mêle aux rayons du soleil qui entrent par la porte ouverte. Minos observe du coin de l'œil Dédale qui, une coupe de vin à la main, grignote un gâteau au miel.

– Étranger, quel est ton nom et celui de ta famille ? lui demande-t-il gentiment.

Dédale pose si rapidement sa coupe que le vin gicle sur la table. Il ne sait que dire. Peut-il avouer qu'il vient d'Athènes, la cité ennemie de Minos ? Qu'il est un assassin ? Il hésite, bafouille.

– Si tel est ton choix, garde le silence, accepte Minos en avalant une poignée de raisins secs. Mais dis-moi simplement le nom de ta ville ?

– Je viens de…

– Qu'as-tu, étranger ? s'inquiète le roi. Pourquoi cette tristesse et ces larmes dans tes yeux ?

Mal à l'aise, Minos regarde le feu. Comme il regrette de ne jamais pouvoir résister à l'envie de questionner un hôte, ce qui est contraire aux lois de l'hospitalité ! Hélas, il est ainsi depuis toujours. Il veut tout savoir tout de suite.

– Garde secrets ton nom et celui de ta ville,

reprend-il. Mais au moins, dis-moi, quel est le but de ton voyage ?

Certain que le roi découvrira tôt ou tard son secret, Dédale décide alors de satisfaire sa curiosité :

– Je voyage car… je suis… je suis le prince Dédale d'Athènes, condamné à l'exil par le Conseil des Anciens, avoue-t-il.

– Illustre étranger, ne crains rien. Je suis Minos, un roi généreux, qui accueille celui qui cherche asile. Désormais, Athénien, tu es sous ma protection. Mais, dis-moi, qu'as-tu fait pour mériter un tel châtiment ?

Minos s'en veut une fois encore de ne pouvoir retenir cette nouvelle question. La reine Pasiphaé lui jette un regard chargé de reproches.

– Je connais l'art de bâtir des temples et des palais, mon Roi, répond Dédale. Je sais également sculpter la pierre et forger les métaux.

Et Dédale parle, parle longtemps. Il raconte sa vie. Il pleure en songeant à ses parents, à son atelier, à ses statues, aux monuments qu'il a construits sur l'Acropole à la gloire des dieux. Il parle de Talos, explique sa jalousie, sans l'excuser, et raconte à sa manière la chute mortelle de son neveu.

Pendant ce temps, les servantes remplissent encore et encore les coupes des convives d'eau fraîche ou de vin doux. Elles apportent d'autres viandes bouillies dans des trépieds ciselés et des gâteaux au miel sur d'immenses plateaux.

– Noble Roi, voilà l'étranger que je suis, conclut Dédale.

– Ta renommée n'était pas parvenue jusqu'à moi, artisan aux doigts agiles, architecte inspiré des dieux. Désormais tu travailleras en mon palais ! se réjouit Minos. Ici, tu n'as pas de rival. Maintenant, oublie tes soucis et écoute l'aède chanter !

Alors, le poète-musicien s'avance, sa lyre à la main. Et chacun écoute les histoires des temps anciens qu'il chante de sa belle voix grave jusqu'au milieu de la nuit.

Les lois de l'hospitalité

En ces temps anciens, les voyages ne sont possibles que grâce aux « lois de l'hospitalité ». Ces lois sont facilement acceptées et respectées car celui qui reçoit un voyageur voyagera lui-même peut-être un jour. Il sera alors heureux d'être bien reçu. Ces lois disent comment accueillir un voyageur, des rites clairs et précis : lorsqu'un étranger se présente, un membre de la famille l'accueille. Il lui prend sa lance et le conduit dans la grande salle du palais. Là, il le fait asseoir sur un « trône » face au foyer. Une servante apporte de l'eau pour qu'il se lave les mains, puis une coupe de vin, du pain et de la viande. Après ce premier repas, on peut interroger le voyageur, sans jamais insister.

Un peu plus tard, en présence de toute la famille d'accueil, commence une longue soirée avec bavardages, musique, nourritures et vin. Le soir, le voyageur dort dans un lit dressé pour lui près de la grande salle. Le jour de son départ, on lui offre une dernière coupe en priant les dieux. Si nécessaire, on lui prête un cheval, un bateau ou un char pour poursuivre son voyage. Si le voyageur est un exilé, un fuyard, il se présente alors en suppliant. Il embrasse les genoux de la maîtresse ou du maître de maison, demande asile et protection. Puis il s'assied dans les cendres du foyer. Après quoi, la longue soirée se déroule comme pour n'importe quel voyageur.

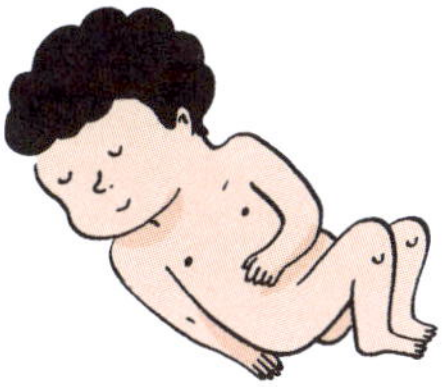

ICARE

Devenu architecte et sculpteur du roi de Crète, Dédale mène une vie calme et douce. En fait, ses journées ressemblent à celles qu'il vivait autrefois à Athènes, avant la maudite invention de la scie par Talos. Dans son nouvel atelier, il travaille beaucoup, dresse des plans audacieux pour agrandir et embellir le palais royal. Il sculpte, modèle, invente, propose au roi des projets tous plus extraordinaires les uns que les autres.

Minos, Pasiphaé et leur fille Ariane sont enchantés, et les soirées passées dans la salle d'honneur sont des moments de bonheur partagé.

Parmi les servantes à son service, Dédale remarque vite Naucratè, la plus jolie des esclaves. La taille fine, la peau veloutée et le regard rieur, c'est elle qui prend soin de ses vêtements et de sa chambre, elle qui l'attend pour la toilette du soir.

Quand, fatigué d'avoir travaillé tout le jour, Dédale s'installe dans une énorme cuve de pierre, Naucratè est là. Il se détend. Elle l'asperge de la tête aux pieds avec l'eau chaude apportée pour lui des cuisines dans de grands chaudrons. Elle le frotte, l'essuie puis le masse avec une huile parfumée. Elle n'oublie jamais de laver ses cheveux longs et sa barbe fine qu'elle démêle doucement du bout de ses doigts.

Bien vite, Naucratè devient plus qu'une servante pour Dédale et, quelques mois plus tard, elle lui donne un fils. L'adorable bébé conquiert aussitôt le cœur de son père qui décide de l'appeler Icare. Comme lui, il a l'œil vif, le cheveu sombre et la bouche gourmande.

Dédale ne voit pas le temps passer. Il est heureux : une belle esclave, un fils et un travail passionnant dans les ateliers royaux. Voilà de quoi satisfaire l'homme le plus exigeant. Parfois mais, il doit le reconnaître, de moins en moins souvent, il songe à Athènes, à sa vie d'autrefois, à ses parents. Cependant leurs visages tant aimés disparaissent peu à peu de sa mémoire.

– Comme ma mère aimerait Icare ! murmure-t-il un jour en voyant son fils jouer avec les poussières qui dansent dans les rayons du soleil couchant. Est-elle seulement encore en vie ?

– Que dis-tu ? lui demande Naucratè.

La question de son esclave le ramène à la réalité. Il apprécie sa beauté, sa patience, sa douceur, mais ne lui parle jamais de son passé. Que pourrait-elle comprendre d'Athènes, la belle cité, de son ancêtre le roi-dieu Cécrops à queue de serpent ?

Cette autre vie, il la garde pour lui, enfermée à tout jamais dans le secret de son cœur.

Naucratè la belle esclave ignore tout de Dédale prince d'Athènes. Elle l'aime et apprécie ce maître à la sévérité douce, presque toujours affairé dans son atelier.

– Demain, Icare m'accompagnera aux courses de taureaux, déclare Dédale, car, en ce pays, c'est la plus merveilleuse des fêtes. Comme tous les Crétois, il admirera l'acrobate grimpant sur le taureau en prenant appui sur ses cornes. Il l'applaudira lorsqu'il restera en équilibre, pieds en l'air, sur le dos de l'animal, et criera en voyant son saut périlleux. Puis...

La voix de Naucratè se fait moqueuse :

– Mon maître, Icare sait à peine marcher. Crois-tu vraiment que cela l'amusera ?

Dédale lui prend la main, la garde dans la sienne et l'embrasse.

– Qu'importe, je le porterai, mais je veux qu'Icare connaisse tous les plaisirs des Crétois : les courses de taureaux, la boxe. Je veux jouer aux jetons avec lui, assis sur des cuirs de taureau, à la porte de la salle d'honneur, en attendant l'heure du banquet royal. Je veux lui apprendre tout ce qu'il doit savoir…

Perdu dans ses rêves, Dédale somnole en admirant son fils.

Les esclaves

En ce temps-là, la société se divise en hommes libres, des puissantes familles royales aux simples artisans ou paysans, et en esclaves, dont leurs maîtres font ce qu'ils veulent.
On peut avoir la malchance de naître esclave, si on a des parents esclaves.
Mais on peut aussi le devenir. Dans ce cas, on quitte brutalement son pays, emmené de force lors d'un pillage (et les pirates sont nombreux) ou à la fin d'une guerre.
Car, d'habitude, après avoir massacré les hommes ennemis pendant et après les combats, les vainqueurs emmènent leurs femmes (princesses ou servantes) et leurs enfants. Ils se partagent ces nouveaux esclaves comme les armes, les bijoux et tous les trésors pillés. Vivant désormais dans la maison de leur maître, ces femmes esclaves vont servir, laver, coudre, nettoyer, moudre le grain, cuisiner et, si elles sont jeunes et belles, aller dans le lit du maître...
Leur sort dépend entièrement du caractère de ce dernier.

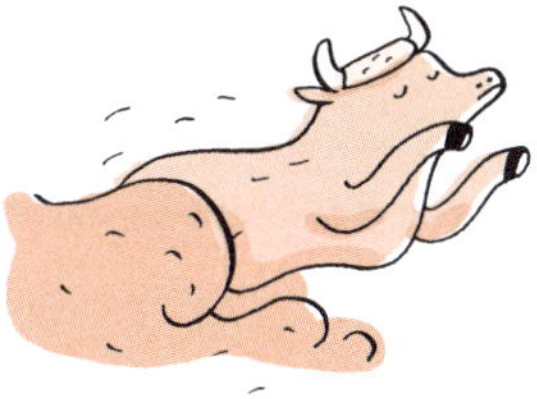

L'oubli de Minos

Le soir même, Dédale est invité au banquet offert par Minos et Pasiphaé à la veille de la grande fête des taureaux. Il s'en réjouit car les conversations et les confidences faites lors de ces soirées lui permettent de mieux connaître son nouveau pays, ses mystères, ses secrets, toutes les histoires du palais, et il y en a beaucoup.

Après le bain et les huiles parfumées, Naucratè coiffe Dédale avec soin. Elle l'embrasse tendrement et le regarde partir. Car, bien entendu, la jeune esclave n'est jamais invitée aux banquets royaux.

Dans la salle d'honneur, les fauteuils sont prêts, les tables dressées et le feu crépite sur le foyer central. Un vieux serviteur mêle avec soin le vin et l'eau dans un immense cratère. Quelques invités bavardent déjà.

Les servantes, attentives à leurs moindres désirs, vont et viennent, discrètes et souriantes. L'aède chante doucement.

Dédale aime se retrouver ainsi avec ces Crétois qu'il connaît bien maintenant. Il s'assied à côté d'un vieil homme grand et mince, au visage ridé et aux yeux rieurs, un lointain cousin de la reine.

– Savant Dédale, lui demande-t-il pour entamer la conversation, es-tu satisfait de ta nouvelle vie ?

– Que Minos soit remercié pour son hospitalité ! C'est un roi noble et généreux, aimé de tous, aimé des dieux…

Étonné par l'expression ironique de son voisin, Dédale se tait. Il choisit une belle pièce de viande rôtie et la dévore à pleines dents.

– Minos, le roi aimé des dieux ! Certes non, pas de tous, ricane le vieil homme, le mépris aux lèvres. Sais-tu, mon ami, qu'il est devenu roi dans d'étranges circonstances ?

– Vraiment ? s'étonne Dédale.

Son voisin se penche vers lui, baisse la voix et poursuit :

– Il y a des années de cela, Minos et ses deux frères

se disputaient le trône de leur père, quand Minos a affirmé que les dieux lui destinaient le royaume. Il a précisé qu'ils lui accorderaient tout ce qu'il leur demanderait. Cela dit, il a prié Poséidon le dieu de la Mer, lui a fait des sacrifices, lui a demandé de faire surgir un taureau des flots et lui a promis de lui sacrifier l'animal. Et, à l'instant même, dans un bouillonnement d'écume, un taureau magnifique a surgi de la mer immense.

Stupéfié par ce récit, Dédale en oublie de manger sa viande rôtie. La graisse coule entre ses doigts.

– Ainsi, le prince Minos est devenu roi et tous les Crétois ont remercié Poséidon ! reprend le vieil homme. Cependant, Minos a oublié la promesse faite au dieu.

La graisse coule maintenant le long du bras de Dédale, tache ses vêtements.

– Est-ce possible ? Mais pourquoi Minos a-t-il agi ainsi ?

Préoccupé, le vieil homme se frotte les mains en un geste mécanique et réclame du vin. Dédale respecte son silence, mais cache mal son impatience.

– Je l'ignore, reprend-il enfin. En tout cas, le taureau

divin broute depuis ce jour dans les pâturages royaux. Le grand Poséidon a attendu fort longtemps que le roi tienne parole. Puis, lassé d'attendre, il a décidé de punir Minos en frappant le taureau de folie et, pire encore, en rendant notre reine amoureuse de lui !

Dédale se retourne. Il aperçoit, près du feu, Pasiphaé, si belle, si gracieuse. Il ne peut croire ce qu'il entend.

– Elle n'y est pour rien. Le dieu l'a ensorcelée, explique le vieil homme en réclamant encore du vin. Ne l'as-tu jamais vue, courir jusqu'à l'enclos du bel animal et l'admirer pendant des heures ?

– Non, mais je sais que les dieux punissent ceux qui agissent mal, reconnaît Dédale en se souvenant des aigles de Zeus le jour de son procès.

– Ne raconte à personne ce que je viens de te dire, s'inquiète le vieillard, car Minos nous in-ter-dit d'en parler.

– Ne crains rien, je sais me taire, l'assure Dédale, épouvanté par ce qu'il vient d'apprendre. Tu peux me croire, je connais la puissance des dieux.

Poséidon

Le dieu de la Mer, Poséidon, est beau, fort et puissant, avec des cheveux sombres et une barbe fournie. Armé d'un trident, l'arme des pêcheurs de thon, il voyage sur son char tiré par des animaux monstrueux, mi-chevaux mi-serpents. Poissons, dauphins et petites divinités marines l'accompagnent toujours. Poséidon commande aux flots. Il provoque les orages et, d'un coup de son trident, fait jaillir les sources. Il règne sur la mer, mais aussi sur les rivières et les lacs. Seuls les fleuves échappent à son pouvoir car ils ont leurs propres divinités ! Le dieu de la Mer a deux frères : Zeus, le dieu du Ciel et de la Terre, et Hadès, le dieu des Enfers. À eux trois, ils dirigent tout l'Univers !

LA REINE ET LE MINOTAURE

Été, automne, hiver, printemps… Les saisons passent. Dédale travaille, Icare grandit et Naucratè veille sur eux. La vie est douce et belle.

Or, un jour, Dédale se promène tranquillement sur le rivage, quand il aperçoit la reine Pasiphaé. Elle se dirige vers lui, jetant, de temps à autre, des coups d'œil rapides derrière elle, comme pour s'assurer que personne ne la suit.

– Ah ! tu es là, Dédale, je te cherchais, se réjouit Pasiphaé en le rejoignant. Puis-je te faire confiance ?

Elle rejette la tête en arrière pour chasser les mèches de cheveux que le vent de la mer rabat sur son visage. Elle semble tendue, inquiète. Ses mains tremblent légèrement.

– Bien sûr, ma Reine, vous pouvez avoir confiance en moi. Je sais garder tous les secrets.

– Alors, écoute. Sais-tu, mon ami, que mon cœur

brûle d'amour pour le taureau divin ? Il est si beau, si fort. Ses yeux noirs brillent tant…

En disant cela, le visage de Pasiphaé s'illumine. Elle est plus belle que jamais.

– Ma Reine, je sais tout cela, répond doucement Dédale, ému par la force de cette passion. Je mettrai tout mon savoir pour vous satisfaire, car personne ne peut ni ne doit s'opposer à cet amour voulu par un dieu.

– Alors, dis-moi : comment faire pour aimer mon taureau, pour l'aimer vraiment ? implore la reine.

Ses yeux s'emplissent de larmes. Sa voix se brise d'émotion, d'espoir. Son regard se perd dans le lointain. Elle contemple sans les voir des oisillons piaillant dans leur nid. Elle attend, impatiente, la réponse de Dédale.

– Je ne peux… hésite le savant, surpris par la demande de la reine.

L'affaire est délicate et mérite réflexion. Dédale sait qu'en aidant Pasiphaé il trompe le roi qui l'a si bien accueilli. Il sait aussi que, depuis des années, Minos agit mal puisqu'il désobéit à Poséidon et qu'un dieu est plus puissant qu'un roi. Il est donc plus sage de plaire au dieu, à son taureau divin, à la reine et de déplaire au roi.

– Comptez sur moi, Majesté, promet Dédale après

avoir longuement réfléchi. Je fabriquerai pour vous une statue en forme de vache, une vache si parfaite, si semblable à la réalité que le taureau divin ne verra pas la ruse.

– Pourquoi une statue en forme de vache ? s'étonne Pasiphaé. Explique-toi !

– Ma Reine, cette statue sera creuse et vous vous cacherez à l'intérieur. Alors, le taureau vous aimera comme vous le souhaitez.

Le vent qui souffle vers la mer emporte ses paroles tandis que Pasiphaé pleure de bonheur.

Quelques semaines plus tard, le taureau de Poséidon broute tranquillement dans son enclos quand il aperçoit au loin la plus belle des vaches. Intrigué, il s'approche d'elle.

Son sang s'échauffe. Son cœur s'enflamme.

De mémoire de taureau, jamais il n'a vu si belle femelle !

Abandonnant sa bonne herbe verte et oubliant sa faim, il galope vers elle, la rejoint, l'embrasse, la caresse, la cajole. La vache ne bouge pas, mais qu'importe, il l'aime comme il convient au milieu de son pré parsemé de mille fleurs printanières. Puis, satisfait, il s'éloigne, ignorant qu'il a aimé une statue où la reine se cache encore.

Heureuse d'avoir reçu tant d'amour, Pasiphaé sort de sa cachette et rentre au palais, tandis que Dédale détruit sa statue de peur que Minos ne la remarque.

Par chance, nul ne les a vus et, depuis ce jour, Dédale et Pasiphaé gardent le silence sur cette étrange journée.

Hélas, neuf mois plus tard, la reine accouche d'un enfant bien étrange, un bébé au corps d'homme surmonté d'une tête de taureau ! L'horrible nouveau-né a l'œil vif, les bras et les jambes agiles comme tous les bébés, mais le museau carré, les oreilles pointues et le poil luisant de son père. Une tête de taureau sur un corps humain. Un véritable monstre ! Fou de rage, Minos observe avec dégoût le nouveau-né.

– Ça, mon fils ? s'étrangle-t-il. Certes non.

Alors, la reine lui raconte tout : son amour pour le taureau divin, sa conversation avec Dédale et la ruse de la statue creuse.

Sans comprendre que la passion de Pasiphaé pour le taureau et la naissance de ce monstre sont des punitions divines, oubliant la promesse faite à Poséidon le jour où il est devenu roi, Minos se laisse envahir par une immense colère.

– Que de malheurs par ta faute, Pasiphaé ! hurle-t-il. Ton enfant n'est pas le mien et ce monstre ne vivra pas. Qu'on l'abandonne dans la montagne !

– Souviens-toi qu'il est le fils du taureau divin et le petit-fils de Poséidon, dieu de la Mer ! lui rappelle la reine. Tu parles de malheurs et de fautes, mais qui est le vrai coupable ? Le sais-tu ?

Les yeux étincelant de colère, elle l'affronte sans peur. Minos recule d'un pas, effrayé par l'air résolu, presque sauvage, de sa femme

– Malheur sur toi, Pasiphaé ! gronde le roi. Que…

– Oublies-tu qui je suis ? coupe sèchement la reine. Prends garde, Minos, ne me menace pas ! Oseras-tu me tuer ? M'exiler ? Moi, la puissante magicienne, la fille d'Hélios, le dieu du Soleil.

Bien sûr, le roi sait tout cela. Il s'effondre sur un banc de bois, silencieux, le regard vide et lointain. À quelques pas de lui, le monstrueux nouveau-né s'agite dans son berceau.

– Allons, que vas-tu faire ? Parle, insiste Pasiphaé.

– …

– Tu gardes le silence ? reprend la reine. Fort bien, mais, moi vivante, tu ne tueras pas mon petit, mon Minotaure, c'est le nom que je lui ai choisi !

Minos la regarde, terrifié, et, sans un mot, quitte ses appartements.

Les dieux crétois

Depuis toujours, les Crétois adorent une déesse mère qui personnifie la fertilité de la terre. Elle apparaît ici avec des serpents, là avec des lions et des bêtes sauvages, ou encore dans le ciel au milieu des étoiles et des oiseaux. Ils adorent aussi un dieu du Ciel dont l'emblème est le « labrys », une hache à double tranchant, et un dieu de la Fécondité, sous la forme d'un taureau ou d'un être mi-homme mi-taureau. C'est lui dont les légendes se souviennent, avec cet enfant monstrueux, fils de Pasiphaé et du taureau divin.

Autour des dieux crétois s'agitent des démons et des monstres qui, tout à leur service, facilitent leursrapports avec les hommes. Les Crétois honorent leurs dieux avec des prières, des sacrifices et des offrandes, accompagnés de danses, de chants et de jeux. Ils les adorent au sommet des montagnes, dans des grottes sacrées ou des chapelles construites dans les palais et les maisons.

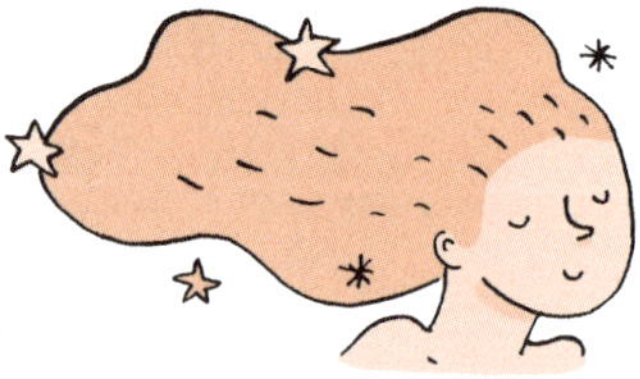

Le Labyrinthe

Depuis la naissance du monstre, Minos ne décolère pas car il sait très bien que Pasiphaé a raison. Il ne peut rien ni contre elle ni contre le Minotaure ni contre les décisions du dieu.

Que faire alors ? Tenir sa promesse en offrant le taureau divin à Poséidon ? Aussi curieux que cela paraisse, il n'y songe pas.

Un matin, après une mauvaise nuit durant laquelle le roi a imaginé toutes les solutions possibles, le voilà qui marche à grands pas dans la cour du palais. Il en a assez ! Il rêve de vengeance et veut se décider aujourd'hui même. Soudain, il s'arrête, songeant avec plaisir que rien ne l'empêche de punir ce traître de Dédale, ce maudit sculpteur, sauf bien sûr les lois de l'hospitalité, mais qu'importe… Il décide de les oublier.

Prêt à le tuer sur-le-champ, Minos se dirige vers les ateliers du palais, sa lance à la main.

– Athénien de malheur ! crie-t-il, la porte à peine franchie. Prépare-toi à mourir.

– Un instant, Majesté, répond calmement Dédale. Dites-moi, de grâce, que ferez-vous de ce monstre qui grandit si vite ?

Il abandonne sa sculpture et pose ses outils. D'un geste de la main, il ordonne à ses apprentis esclaves de sortir.

– Je verrai bien, rugit Minos, et, puisque je dois laisser vivre cet enfant de la honte, je le tiendrai loin du palais.

– Où ? ose demander Dédale.

– Dans une prison obscure dont il ne sortira jamais.

– Qui la construira, Majesté ? Vous savez qu'il sera difficile de garder un tel prisonnier.

Dents serrées, la main crispée sur sa lance, Minos dévisage ce savant qui ne le craint pas. Il admire son calme face à la mort et reconnaît la sagesse de ses paroles.

– Soit, Athénien, dit-il après un long silence, je te

laisse la vie, mais je t'ordonne de bâtir la prison du Minotaure.

– À vos ordres, mon Roi. Vous serez satisfait. Les couloirs en seront si enchevêtrés et si nombreux que votre prisonnier ne pourra jamais en ressortir.

– Voilà qui est dit. Agis vite et souviens-toi qu'il en va de ta vie ! menace encore le roi.

Satisfait de cet arrangement, Minos quitte Dédale, pressé d'organiser une cérémonie religieuse pour apaiser les dieux.

Dès le lendemain, le roi leur offre, sur l'autel divin de la cour du palais, des grains d'orge dorés, du vin doux, de l'huile pure et l'un de ses puissants taureaux aux cornes couvertes d'or. Devant lui, on égorge l'animal à la hache. On recueille son sang, on le dépèce et on embroche chaque morceau de viande sur une longue fourche à cinq branches. Puis on les rôtit sur l'autel. Aussitôt s'en échappe le délicieux parfum de viande grillée tant apprécié par les dieux et les déesses qui, ainsi, sont bien nourris. Et il est important de les satisfaire pour que les hommes vivent.

Mais Minos ne sacrifie toujours pas le taureau divin de Poséidon.

Quelques mois plus tard, la prison du Minotaure, qui grandit vite, comme tous les demi-dieux, est achevée.

Dédale a bien travaillé. Il a brouillé tous les points de repère, multiplié les salles biscornues, les cours aux formes bizarres, les longs couloirs sinueux, les impasses et les fausses sorties.

Les travaux aussitôt finis, sur ordre du roi, le Minotaure est poussé dans cette affreuse demeure appelée le Labyrinthe.

Depuis ce jour, le monstre à tête de taureau y vit, solitaire. Il cherche désespérément la sortie. Il a toujours faim. Il a toujours soif. Il recueille l'eau de pluie et se nourrit d'animaux perdus dans sa prison : souris, oiseaux, chats, insectes... Tout est bon pour lui.

Parfois, le vent du nord emporte jusqu'au palais ses hurlements déchirants, ses appels désespérés, faisant mugir le taureau divin et pleurer la reine.

Les années passent et la vie continue.

Au royaume de Minos, rien n'a changé ou presque.

Seule nouveauté, le roi offre un repas de fête au Minotaure une fois par an... Il le déteste toujours et agit ainsi non pour faire plaisir au monstre, mais pour punir les Athéniens qu'il a combattus pendant des mois et vaincus.

Cette guerre, Minos l'a menée pour venger l'assassinat de son fils Androgée par le roi Égée d'Athènes. Un roi si jaloux des succès du prince crétois aux jeux sportifs de sa cité qu'il ordonna sa mort.

Comme la cause de Minos était juste, Zeus, le roi des dieux, l'a aidé. Il a envoyé la famine et la peste aux Athéniens. Alors ceux-ci, affaiblis par tant de malheurs, ont reconnu leur défaite et accepté enfin les conditions de paix de Minos : envoyer chaque année des prisonniers, sept jeunes gens et sept jeunes filles, en Crète.

Et que deviennent ces jeunes Athéniens ?

Des prisonniers ?

Des esclaves ?

Non, Minos les oblige à entrer dans le Labyrinthe où le Minotaure se régale en les dévorant !

Le Labyrinthe et le palais du roi Minos

À Cnossos, les ruines du plus récent des palais crétois datent des années 1700 à 1400 avant Jésus-Christ, l'époque du légendaire roi Minos. On découvre un palais étonnant à plusieurs étages avec, autour d'une cour centrale, d'immenses escaliers, de longs couloirs enchevêtrés, de petits temples avec des autels pour les dieux, des appartements royaux luxueux avec vérandas donnant sur la vallée, des salles de réception avec des trônes et des bancs, des murs revêtus de fresques aux couleurs vives, des sols recouverts de plaques de gypse éclatantes de blancheur, et des salles de bains aménagées avec le système du tout-à-l'égout. Mais il y a aussi de nombreux magasins, des ateliers, des cours et des courettes, des logements pour les serviteurs… Au total, plus de 1 500 pièces dans le « palais de Minos » ! On comprend alors pourquoi les Grecs de l'Antiquité l'appelaient le « Labyrinthe ». Ils le disaient si compliqué qu'il était impossible à un étranger de ne pas s'y perdre. Mais d'où venait ce mot ? « Labyrinthe » signifiait probablement le « palais des Labrys » car, dans le décor du palais royal, sur les colonnes et les murs, les Crétois ont représenté souvent des « labrys », ces haches à double tranchant emblèmes de leur dieu du Ciel.

Le Festin du Minotaure

Aujourd'hui, pour la troisième fois, les jeunes otages athéniens arrivent en vue des côtes crétoises. Parmi eux, se trouve le prince Thésée d'Athènes, célèbre pour sa bravoure. Ils accostent, trop vite à leur goût, dans une petite crique sauvage, non loin du port de Cnossos.

Les quatorze malheureux décident d'attendre le lendemain pour aller chez le roi Minos car, hélas, ils connaissent le sort qui les attend : affronter le Minotaure dans le Labyrinthe construit par Dédale, le plus savant des Athéniens, et rejoindre le Monde des Morts !

Assis sur le rivage à l'ombre des cyprès, ils écoutent leur prince qui tente de les réconforter en leur promettant de tuer le monstre avant qu'ils ne repartent pour Athènes, tous ensemble. Ils hochent la tête, gémissent. Certains prient les dieux, d'autres pleurent, sûrs de mourir.

Pendant ce temps, la princesse Ariane, fille de Minos et de Pasiphaé, sort du palais pour se promener. Tout en cueillant des fleurs, elle se dirige vers la mer. Le souffle chaud du vent caresse son visage. Elle admire le soleil scintillant sur les vagues lointaines. Elle s'amuse des oiseaux qui, cachés dans les cyprès et les oliviers, s'envolent à son approche. Elle apprécie jusqu'aux cris sinistres des corbeaux et aux braiments des ânes.

Elle aime tant ces moments de solitude.

Tout à coup, elle aperçoit un navire et, sur le rivage, des jeunes gens, certainement les Athéniens que son père attend. Elle s'arrête, ses fleurs multicolores au creux de ses bras blancs, et poussée par la curiosité, se cache derrière une maison en ruine pour les observer.

« Pourquoi ces malheureux doivent-ils mourir dans le Labyrinthe ? soupire la princesse. Comme je les plains ! »

Sagement, Ariane s'éloigne. Il est temps pour elle de rentrer au palais. Pourtant, sans trop savoir pourquoi, elle ralentit l'allure, fait demi-tour et revient sur ses pas. L'un des Athéniens attire son regard, fait battre son cœur et rougir son front.

« Qu'il est beau ! songe-t-elle, ignorant qu'elle aime déjà Thésée. Non. Le Minotaure ne doit pas le dévorer… Il est si jeune, si beau ! Quelle injustice ! Tant pis si mon père se met en colère, je dois l'aider. »

L'ombre est rare au milieu du jour. Le soleil dessèche plantes et bêtes, excite les insectes, attire les serpents, mais Ariane n'y fait pas attention. Elle court le plus vite possible, perdant, çà et là, quelques fleurs de son bouquet. Sans prendre le temps de les ramasser, elle se précipite dans l'atelier de Dédale.

– Es-tu seul ? lui demande Ariane, tout essoufflée, en fermant la porte derrière elle.

– Comme vous le voyez, Princesse.

– J'ai besoin de ton aide, mais puis-je te confier un secret ?

Amusé, Dédale l'observe, certain qu'une si jeune princesse ne doit pas avoir des secrets bien lourds. Il renvoie ses apprentis esclaves, l'invite à s'asseoir et la rassure :

– Je sais garder les secrets et mettrai tout mon savoir à vous satisfaire.

– Alors, écoute-moi. J'ai aperçu sur le rivage

de jeunes étrangers vêtus à la mode d'Athènes. L'un d'eux est si beau que... Je ne sais comment te dire... Ses cheveux bouclés brillent d'un noir magnifique...

Perdue dans ses souvenirs, Ariane parle vite. Elle serre contre elle son maigre bouquet, l'écrase sans y prendre garde. Sa voix se fait plus douce. Elle reprend :

– Sa taille est presque celle d'un dieu et son sourire... Enfin, me comprends-tu ?

– Bien sûr, Princesse. Cependant, vous n'avez pas besoin de moi, vous êtes simplement amoureuse.

– Si, j'ai besoin de toi ! Car il doit mourir demain ou après-demain, dévoré par le Minotaure.

– Qui puis-je ?

– Tu dois le sauver ! s'écrie Ariane les joues en feu. Il est athénien, comme toi, et tu connais le Labyrinthe puisque tu l'as bâti.

Ariane se lève d'un bond, soupire, lâche brusquement ses fleurs à ses pieds.

– Sauve-le !

– Princesse, écoutez-moi : pour que celui que vous

aimez échappe à la mort, je dois tromper le roi Minos une seconde fois...

Dédale s'interrompt. Il hésite, réfléchit encore. Il songe que ces jeunes gens viennent de sa ville, la puissante Athènes, et qu'ils ne méritent pas une mort si cruelle.

– C'est bon, décide-t-il enfin, prenez cette pelote de ficelle et donnez-la à votre bel Athénien. Dites-lui de la dérouler au fur et à mesure qu'il avancera dans le Labyrinthe. S'il tue le Minotaure dans un combat d'homme à monstre, il retrouvera son chemin en suivant la ficelle et devra quitter la Crète au plus vite !

– Oh ! Dédale, merci !

– Un dernier conseil, Princesse, attendez la tombée du jour pour agir. Prenez garde aux soldats du roi. Personne ne doit vous voir. Et surtout, ne parlez pas de moi.

– Promis.

Sans attendre, Ariane ramasse ses fleurs, y cache la pelote de ficelle et s'en va vers le palais en courant.

Ariane et Thésée

De retour dans sa chambre, la princesse Ariane renvoie ses servantes. Elle veut rester seule pour rêver de son bel inconnu. Elle dissimule la pelote de ficelle dans un coffre de bois et jette ses fleurs sur un tabouret bas.

« Je le reverrai à l'heure où l'ombre emplit les rues, se réjouit-elle. Je lui parlerai et lui sauverai la vie ! Mais d'abord, je dois vite me préparer pour être la plus belle et lui plaire. »

Pourtant, Ariane a tout son temps. Suivant les conseils de Dédale, elle ne sortira qu'à la tombée du jour.

Un instant, elle songe qu'en agissant ainsi elle désobéit à son père, un père bien lointain qui ne s'occupe jamais d'elle. Pire, elle veut aider des Athéniens, les ennemis de la Crète, les assassins de son frère qu'elle aimait tant… Mais la disparition de ces jeunes prisonniers ne le fera pas revenir du Monde des Morts.

L'affaire est donc décidée. Elle ne changera pas d'avis. Elle les aidera.

Après s'être lavée, Ariane enduit son corps d'huile parfumée à la fleur de lis et tresse ses cheveux. Elle choisit dans son coffre une étoffe colorée qu'elle accroche à ses épaules avec deux fibules d'or. Puis, après avoir noué une fine ceinture à sa taille, elle fait joliment plisser sa longue robe.

Le soleil se couche quand la belle princesse attache ses sandales. Elle cache la pelote de ficelle sous sa robe et se couvre la tête d'un voile blanc. La voilà prête.

Le cœur battant, elle quitte le palais et prend le chemin de la mer. Par chance, elle ne rencontre personne. À cette heure-là, les Crétois se préparent pour dîner.

Il lui faut peu de temps pour rejoindre les Athéniens qui partagent leur dernier repas sur le rivage, au pied des cyprès.

– Amis, regardez quelle ravissante jeune fille vient à nous ! s'étonne l'un d'eux. Visage gracieux, nattes sombres, robe fine et bijoux d'or… Elle appartient certainement à une noble famille. Méfions-nous, que nous veut-elle ?

– Étrangers, ne craignez rien, je suis la princesse Ariane et viens en amie.

– Viens-tu vraiment en amie ? s'étonne son bel inconnu.

Élégant et fier, il avance vers elle avec un air moqueur, presque menaçant. Sans crainte, Ariane lui répond :

– Je viens vous aider et en voici la preuve, tenez ! Cette pelote de ficelle vous permettra de sortir du Labyrinthe où vous attend le Minotaure, mais savez-vous cela ?

– Ô Princesse, belle envoyée des dieux, nous connaissons notre triste destin. À Athènes, nul n'ignore la cruauté du roi Minos… Mais, dites-moi, pourquoi voulez-vous nous sauver d'une mort certaine ? Sachez que je suis Thésée d'Athènes, fils du roi Égée.

Ariane sent son cœur défaillir. Elle aime donc un prince !

– Thésée ? Le fils du roi Égée ?

– Exactement et, grâce à vous, fille de Minos, nous sortirons du Labyrinthe, nous quitterons cette île maudite et nous reverrons notre cité, notre famille. Ô Ariane, vous nous rendez la vie et... je vous épouserai, promet Thésée. Vous serez ma reine !

Son expression s'adoucit, ses yeux se font plus tendres. Il baise la main de la princesse, admire la douceur de sa peau, la finesse de ses bras, la bienveillance de son sourire. Ariane est merveilleusement heureuse. Tandis qu'elle leur explique la ruse de Dédale, la nuit qui tombe les enveloppe d'une obscurité rassurante.

– Mes amis ! s'écrie soudain le prince en brandissant sa lance et son épée. Demain, je tuerai le monstre ! Je sortirai du Labyrinthe et j'embarquerai avec vous sur mon navire. Princesse, soyez là sous les cyprès à la tombée du jour. Nous partirons ensemble !

– J'y serai, murmure Ariane au comble du bonheur, mais je dois vite rentrer au palais où l'on ne doit pas remarquer mon absence.

– À demain, mon bel amour, chuchote Thésée.

De retour dans la salle d'honneur du palais pour un banquet, Ariane mange à peine, perdue dans ses pensées. La soirée lui semble horriblement ennuyeuse.

Elle rêve, n'écoutant ni la conversation ni l'aède aux chants si doux. Puis, se disant malade, elle regagne au plus vite sa chambre.

La porte fermée et ses esclaves parties, elle entasse dans un panier à anses fines : une robe, un voile, une ceinture colorée, ses bijoux, un pot d'huile parfumée, son peigne préféré... Comme il lui est difficile de choisir parmi tous ses objets ceux qu'elle emportera !

Et son panier est déjà plein !

Épuisée par les événements d'une si longue journée, Ariane se couche et ferme les yeux. Elle espère dormir.

Hélas, le temps passe et le sommeil la fuit. Mille et une pensées traversent son esprit. Pour un homme, un inconnu, elle va quitter ses parents sans un au revoir. Elle va les trahir en aidant des prisonniers à s'évader. Pire encore, sans la permission de son père, elle va épouser Thésée, le fils du roi qui a tué son frère !

Le doute et la peur s'installent en son cœur.

Ariane a froid malgré la chaleur de la nuit. Elle sanglote doucement.

Peu à peu, elle se calme et, au milieu de ses larmes,

elle se souvient du doux visage de Thésée, de ses yeux sombres, de sa voix chaude. Elle songe au terrible Minotaure et à la mort affreuse qui attend celui qu'elle aime et ses compagnons… Car la chose est simple, sans son aide, même si l'un d'eux parvient à tuer le monstre, tous mourront de faim ou de soif, perdus pour toujours dans le Labyrinthe dont on ne sort jamais.

Aussitôt, la peur quitte son cœur.

Elle doit les sauver. Elle va les sauver.

Elle aime Thésée, abandonnera tout pour lui et le suivra jusqu'à Athènes !

« Cependant, demain, qui sera vainqueur ? s'inquiète-t-elle en se tournant et retournant sur son lit. Mon prince tuera-t-il le monstre ou sera-t-il tué par lui ? »

La nuit s'écoule avec une lenteur terrifiante. Dans la solitude de sa chambre, la journée du lendemain lui semble tout aussi longue. Enfin, à l'heure où la chaleur se fait douce, la princesse sort discrètement du palais, son panier à la main. Elle court jusqu'à la mer, se cache près des cyprès et attend.

Le temps semble s'être arrêté. Va-t-il venir ? Est-il encore en vie ou le Minotaure l'a-t-il dévoré ?

Soudain, Ariane bondit de joie. Elle aperçoit Thésée, son épée rouge de sang à la main, qui court vers elle, suivi par ses compagnons.

– Vous êtes vivant ! s'écrie-t-elle.

– Vite, au navire ! ordonne le prince.

Ariane et les Athéniens à peine montés à bord, leur bateau s'éloigne du rivage. Ils craignent d'être repérés et poursuivis par les gardes de Minos. Ils savent que, si le roi les rattrape, il les tuera tous.

Les aèdes

« C'est un dieu qui m'inspire tous mes chants », disent les aèdes, les poètes-musiciens, grands voyageurs des temps anciens. S'accompagnant à la lyre, ils récitent des hymnes religieux ou racontent les exploits, les épreuves et les triomphes des dieux et des héros.

Un aède est un hôte apprécié de tous. Son bâton à la main, il se lève lors des fêtes religieuses et des banquets, dans les palais ou en plein air. Il récite et il chante au milieu des convives qui l'écoutent assis. Les sons de sa lyre soulignent le rythme de ses vers. Un bon aède connaît plusieurs milliers de vers par cœur et peut chanter ainsi deux ou trois heures avec seulement quelques minutes de repos.

L'ÎLE DÉSERTE

Les cris des oiseaux, le bruit du vent et des vagues accompagnent les fuyards. Les flots sifflent sous la coque. Les matelots rament en cadence. Par prudence, ils ne hissent pas la voile, trop visible de loin. Ariane, Thésée, ses compagnons et ses compagnes parlent peu. Ils craignent encore de rencontrer l'un des bateaux de guerre de Minos. Tout est tranquille. Peu à peu, la Crète disparaît dans les brumes du soir. Lorsque les premières étoiles illuminent le ciel, ils tirent leur navire dans une crique bien abritée des vents sur une île minuscule.

Il est temps pour eux de remercier les dieux. Avec quelques pierres, ils dressent un autel sur la plage déserte. Ils disent les prières et font les offrandes qui conviennent. Puis ils savourent un repas, simple mais délicieux, le repas de la liberté retrouvée. Ils boivent du vin doux. Ils s'amusent, bavardent.

Thésée ne quitte pas un instant sa princesse. Tout en parlant d'Athènes et de leur vie future, il lui prend la main, la caresse tendrement. Il lui raconte comment il a tué le Minotaure et est sorti du Labyrinthe. Assis près d'eux, les jeunes Athéniens l'écoutent, l'admirent. Une fois encore, ils remercient leur prince pour son courage et la princesse pour son aide.

Au comble du bonheur, Ariane savoure cette soirée délicieuse. C'est un enchantement.

– Demain, nous ferons voile vers Athènes, promet le prince. Buvons encore, mes amis !

Jusqu'au milieu de la nuit, ils chantent, rient, boivent tant et tant de vin doux qu'ils s'endorment, l'un après l'autre, sur le sable.

Quand Ariane se réveille, le soleil est déjà haut dans le ciel. Elle se réjouit d'entendre le cri des mouettes et le bruit des vagues. Elle bâille, s'étire et sourit en pensant à Thésée, son bel amour. Elle ouvre les yeux et... découvre une plage déserte !

Plus de bateau, plus d'Athéniennes, plus d'Athéniens, plus de fiancé ! Près du petit autel de pierre, il ne reste que son panier.

Épouvantée, elle se lève, regarde la mer et aperçoit au loin les voiles du navire de son prince qui, oubliant ses belles promesses, est parti sans elle.

– Tu fuis, cruel Thésée ! hurle la princesse. Ingrat ! Menteur ! Tu me dois la vie et tu m'abandonnes. Ô dieux, ai-je mérité cela ? Ai-je mérité la mort sur cette île perdue au milieu de la mer immense ? C'est vrai, j'ai trahi mon père, mais je vous ai sauvés, Athéniens !

Insensible à sa douleur, le vent emporte ses cris vers le large, comme il pousse le navire de Thésée vers Athènes.

Ariane pleure. Elle va mourir. Elle le sait.

– Ô dieux, aidez-moi !

Alors, une brise légère, un murmure divin venu du large lui répond. Le bateau de Thésée n'est plus qu'un point minuscule à l'horizon, mais, du haut des cieux, Dionysos, le dieu de la Vigne et du Vin, aperçoit la malheureuse. Charmé par sa beauté, troublé par sa grâce et sa tristesse, il descend vers elle. Un seul regard a suffi pour qu'il l'aime à la folie. Peu lui importe son nom, c'est l'épouse qu'il cherche depuis toujours.

Sur la plage éclaboussée de soleil, Ariane le voit aussi. Elle distingue mal ce qui vole dans le ciel, mais comprend vite qu'il ne s'agit pas d'un oiseau. Le cœur battant, elle attend, pleine d'espoir.

« C'est un char orné de feuilles de vigne et de lierre mêlées, tiré par des panthères... C'est Dionysos ! s'étonne Ariane. Où va-t-il ? Il approche. »

Son visage barbouillé de larmes, sa robe salie par le voyage et son panier à ses pieds, elle regarde venir vers elle, simple mortelle, le grand Dionysos.

Déjà, dans un tourbillon de vents, le dieu saute de son char et ordonne à ses panthères d'attendre.

Sur la plage déserte, quelques pas lui suffisent pour rejoindre Ariane, qui le trouve merveilleux avec ses yeux rieurs, sa barbe et ses longs cheveux d'un noir magnifique. Il lui prend la main, essuie ses larmes et, avant même de lui demander son nom, lui propose de l'épouser !

Muette de bonheur, Ariane accepte d'un sourire.

– Oublie tes malheurs, ma belle, je n'en veux rien savoir, lui murmure le dieu. Mais, dis-moi, quel est ton nom ?

– Je suis Ariane, la fille de Pasiphaé et de Minos de Crète.

– Douce Princesse, que dirais-tu d'un diadème d'or

en cadeau de noces ? Viens avec moi au pays des dieux sur l'Olympe divin, ajoute-t-il en l'embrassant avec une infinie tendresse. Là, je t'épouserai devant les dieux et les déesses assemblés. Ce sera la plus belle des fêtes !

– Oui, murmure-t-elle en montant sur le char attelé de panthères.

Bientôt, il ne reste sur la plage déserte qu'un autel de pierre et un petit panier. Mais la femme d'un dieu n'a besoin de rien.

Le mont Olympe

Pour les anciens Grecs, cette montagne située au nord de la Grèce est le lieu où séjournent leurs dieux et leurs déesses. Là, se dresse le magnifique palais de Zeus, le dieu du Ciel et de la Terre, le roi des dieux. Plus tard, le terme « Olympe divin » ne désignera plus cette montagne, mais de façon générale toutes les « demeures célestes » des divinités.

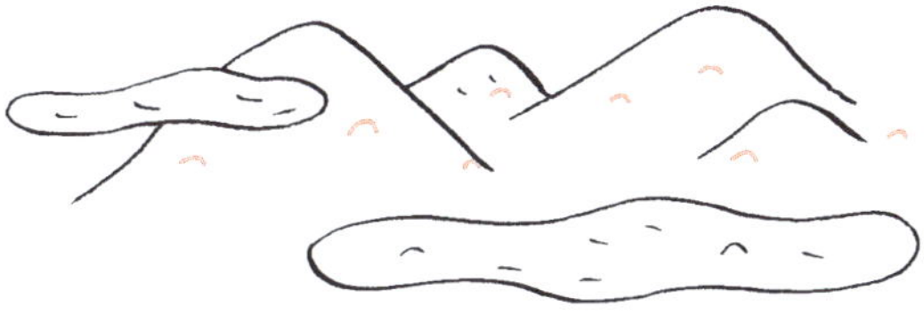

Thésée, roi d'Athènes

À la mort de son père, le roi Égée d'Athènes, Thésée monte sur le trône. Après avoir libéré, en tuant le Minotaure, disent les légendes, son royaume de la domination crétoise, Thésée mène encore de nombreuses batailles. De victoire en victoire, il réunit bientôt sous ses ordres toutes les petites cités de la région en une seule, la sienne, celle « des Athènes » (Athènes est aujourd'hui encore un nom au pluriel). Puis, Thésée combat les Amazones, des femmes guerrières redoutables qui envahissent son royaume. Il fait bâtir à Athènes des bâtiments publics importants, bat monnaie et organise pour la première fois la fête des Panathénées, symbole de l'unité « des Athènes ». Les légendes ajoutent que Thésée visite les Enfers où il est retenu prisonnier quelque temps avant de revenir sur Terre grâce à une autorisation spéciale des dieux. Hélas, lorsqu'il rentre à Athènes, un jeune roi a pris sa place. Ne parvenant pas à récupérer son trône, Thésée choisit l'exil et, peu après, se tue, accidentellement ou pas, en tombant du haut d'une falaise.

Des plumes et de la cire

Tandis que, loin de lui, la princesse épouse son dieu sur l'Olympe divin, son père Minos ne décolère pas. Il vient d'apprendre le succès de Thésée, la mort du Minotaure (pour lui, seule bonne nouvelle de la journée), mais aussi la trahison et la fuite d'Ariane, aidée par Dédale.

– Sans cet inventeur de malheur, rien ne serait arrivé ! hurle le roi. Après une vache pour ma femme, une pelote de ficelle pour ma fille… C'en est trop. Gardes ! Arrêtez immédiatement Dédale et son fils Icare. Enfermez-les dans le Labyrinthe. Je ne veux plus jamais entendre parler d'eux. Qu'ils y restent et qu'ils y meurent !

– À vos ordres, Majesté.

Le roi Minos est aussitôt obéi.

Dédale n'est pas surpris par son arrestation. Sa faute est grave. Il le sait. Il a trahi son hôte, son roi. Tenant Icare par la main, il marche vers le Labyrinthe sous bonne escorte. Il ne regrette pas un instant d'avoir sauvé les jeunes Athéniens de la mort. Si c'était à refaire, il le referait. Il déplore seulement que son fils, totalement innocent, soit puni avec lui.

En chemin, les gardes, qui aiment et respectent le savant, s'excusent de ce qu'ils font. Mais les ordres sont les ordres. Quelques minutes plus tard, leur cœur se serre en entendant les pleurs du jeune garçon qui, tête basse, disparaît avec son père dans l'affreuse prison.

Un instant, Dédale se reproche d'avoir si bien travaillé en construisant le Labyrinthe, brouillé les points de repère, multiplié les salles biscornues, les cours aux formes bizarres, les couloirs sinueux, les impasses et les fausses sorties. Il soupire, se lamente, implore les dieux.

– Gémir ne sert à rien, mon fils, dit-il enfin. Ne t'inquiète pas. Tout problème a une solution.

Près de lui, Icare renifle, tremble, trébuche, appelle sa mère.

– Si on reste près de la sortie, propose l'enfant entre deux sanglots, à la nuit noire, on pourra s'enfuir, comme Thésée ?

– C'est malheureusement impossible, des gardes

royaux surveillent certainement l'entrée du Labyrinthe, jour et nuit.

– Quand même, on ne va pas rester ici ? bafouille Icare.

– Ne crains rien, avec un peu d'astuce, et ton père n'en manque pas, nous sortirons du Labyrinthe. Minos nous interdit la terre et les eaux, il surveille les routes et les mers, mais les chemins du ciel nous sont ouverts. C'est par là que nous passerons.

– Le ciel ? Voyons, Père, les hommes ne volent pas !

– Pas encore, mon petit. Viens. Cherchons ce qui peut nous être utile.

Alors, dans les coins et les recoins du Labyrinthe, les deux prisonniers ramassent ici des plumes d'oiseaux apportées par le vent, là des fils de lin ou des os fins et durs. Ils trouvent même de la cire dans un essaim d'abeilles accroché à l'angle d'un mur.

Terrorisé à l'idée de perdre son père et de se retrouver seul, Icare le suit comme son ombre. Jamais il ne lui a si bien obéi.

– Voilà, nous avons tout ce qu'il faut, lui dit enfin Dédale.

– Pour quoi faire ? demande Icare, plein d'espoir.

– Attends et regarde.

Entouré de cet étrange trésor, le savant s'assied sur le sol poussiéreux d'une des cours du Labyrinthe. Les yeux fermés, il caresse sa barbe, réfléchit de longues minutes et, soudain, se met au travail.

D'un geste sûr, il aligne toutes les plumes, en commençant par la plus petite, plaçant toujours une plume courte à la suite d'une plus longue. Ceci fait, il les attache en leur milieu avec du lin et les colle à la base avec de la cire.

Assis à son côté, Icare le regarde. Il l'admire. Il s'ennuie aussi un peu, somnole parfois ou tente de se distraire. Tantôt il saisit au vol une plume emportée par le vent, tantôt il amollit la cire entre ses doigts.

Après de longues heures de travail, Dédale examine les quatre ailes qu'il vient de fabriquer, deux grandes et deux petites. Il les courbe légèrement pour imiter celles des oiseaux.

– Voilà qui est bien ! se réjouit-il. Demain, nous quitterons notre prison.

– Mon père ! s'étonne Icare, je vais vraiment voler comme un oiseau ?

– Oui.

Les chemins du ciel

Aux premières lueurs de l'aube, Dédale fixe avec de la cire les deux petites ailes aux épaules d'Icare, les deux grandes à ses propres épaules. Il bat des ailes et ses pieds quittent le sol. Il vole un instant au milieu de la cour avant d'atterrir en douceur.

Tout en riant, Icare l'imite de son mieux.

– Écoute bien mes conseils, mon fils, lui dit Dédale, satisfait de ces premiers essais. Pendant notre voyage, tu ne dois voler ni trop haut, ni trop bas. Si tu frôles la mer, tes ailes toucheront les eaux. Elles se mouilleront, s'alourdiront et tu ne pourras plus voler.

– Oui, Père, répond Icare, sans vraiment l'écouter.

Émerveillé à l'idée de traverser le ciel comme un oiseau, il agite tout doucement ses ailes et caresse du bout des doigts leurs plumes soyeuses.

– Si tu montes trop haut, ajoute Dédale, si tu t'approches trop du soleil, sa chaleur fera fondre la cire et tu perdras tes ailes. Vole à mi-hauteur et, surtout, suis-moi.

– Ne vous inquiétez pas, mon Père, le rassure Icare, qui s'amuse toujours avec ses ailes.

– As-tu bien compris ? Ce n'est pas un jeu.

Les joues de Dédale se mouillent de larmes. Ses mains tremblent. Il a peur non pour lui, mais pour son fils qui devra voler seul et ne semble pas comprendre les dangers du voyage.

– Prends garde au soleil et à la mer immense, insiste-t-il en l'embrassant une fois encore. Es-tu prêt pour le grand départ ?

– Bien sûr ! s'écrie l'enfant, ravi à l'idée de voler.

– Alors, prions les dieux, prions Hermès, le dieu des Voyageurs, et partons vers l'ouest, vers les pays du soleil couchant.

Quelques minutes plus tard, après un dernier baiser, Dédale et Icare prennent leur envol. Étranges oiseaux parmi les oiseaux.

Dans l'air frais du petit matin, le père et le fils battent des ailes en cadence. Fascinés par la beauté du monde vu d'en haut, ils survolent le Labyrinthe, le palais royal, la ville puis la campagne environnante.

En cette heure matinale, hommes et bêtes, tout dort. Assis devant la porte solidement ferméede la prison, les gardes royaux qui somnolent ne les voient pas.

Seuls trois hommes, un pêcheur, un berger et un laboureur, aperçoivent dans le ciel ces oiseaux sans bec et presque sans plumes. Des hommes volants ! Ils se frottent les yeux pour s'assurer qu'ils ne rêvent pas. Non, ils sont bien éveillés. Alors, certains de voir des dieux survoler la Crète, ils reprennent leurs travaux.

Dédale et Icare survolent la mer depuis longtemps déjà quand ils aperçoivent l'île de Samos. Tout entier à son plaisir, oubliant les sages conseils de son père, l'enfant monte dans les airs. Il veut rejoindre les oiseaux qui planent bien plus haut que lui. Il veut les rattraper, faire la course, voyager avec eux.

– Tu montes trop, mon fils ! crie Dédale en l'apercevant. Reviens vers moi !

Icare ne l'entend pas. Il est déjà trop loin.

En quelques battements d'ailes, il s'éloigne encore de son père, de la Terre. Il s'élève si près du Soleil que la cire, qui fixe ses ailes à ses épaules et les plumes les unes aux autres, se ramollit peu à peu. Il monte encore. Maintenant, la cire fondue coule à grosses gouttes. Une à une, ses plumes tombent, ses ailes se détachent.

Alors, l'enfant se met à crier :

– Au secours, mon Père ! Au secours !

Il a beau agiter les bras, les jambes, rien ne ralentit sa chute. Hélas, il est trop tard.

Dédale le voit, mais il est si loin qu'il ne peut le rejoindre avant le grand malheur.

La mort d'Icare est inévitable.

– À l'aide !

Parmi les plumes légères virevoltant doucement dans le vent, l'enfant tombe comme une pierre et, en un instant, disparaît dans une gerbe d'eau. La mer l'engloutit aussitôt.

« Icare ! Icare, mon fils ! sanglote Dédale. Seuls les poissons des profondeurs pourront dire maintenant où tu es. Il ne reste de toi ni cendres ni os. Mon cher enfant n'est plus. La mer est son tombeau ! »

Désespéré, pleurant, maudissant le destin, il poursuit son voyage et s'éloigne à coups d'ailes rapides vers l'ouest.

Seul dans le ciel immense, le malheureux Dédale se pose bien des questions qui restent sans réponse. Les dieux et les déesses ont-ils voulu qu'il perde son enfant, comme sa sœur Perdix a perdu le sien, par sa faute ? Ont-ils décidé de lui faire vivre les mêmes chagrins ? Sa vie ne sera-t-elle qu'une longue série de punitions ? Peut-être.

Il emmenait de Crète son bien le plus précieux, son fils, et les dieux ont voulu qu'il meure et rejoigne le Royaume d'Hadès… Mais pourquoi lui laissent-ils la vie ? Mystère.

Cependant, si telle est leur décision, Dédale doit l'accepter. Il vole encore longtemps dans le silence absolu du ciel.

Après avoir voyagé tout le jour, l'homme-oiseau aperçoit enfin une île isolée, vaste et belle. Vue d'en haut, elle lui semble accueillante et, puisque les dieux lui laissent la vie, il atterrit sur cette terre inconnue.

Épuisé, le souffle court, Dédale détache ses ailes, puis s'assied sous l'épais feuillage d'un laurier en fleur pour pleurer la mort d'Icare. Insensible à sa douleur, des cigales chantent près de lui, cachées dans des buissons fleuris.

Des mouches bourdonnent. Des oiseaux chantent.

La vie continue et Dédale pleure toujours.

Enfin, au milieu de la nuit, il se calme peu à peu, accepte son nouveau malheur et s'endort. Alors, profitant de son sommeil, les dieux et les déesses, qui depuis toujours sont à ses côtés, réveillent en lui énergie et audace.

Hadès, le dieu des Morts

Frère de Zeus, le dieu du Ciel et de la Terre, et de Poséidon, le dieu de la Mer, Hadès est le dieu grec du Monde souterrain, des Enfers. Son nom signifie l'« invisible ». L'entrée de son royaume souterrain, disent les légendes, se trouve à l'ouest, au-delà du fleuve Océan qui entoure la terre.
Maître impitoyable, Hadès, qui ne laisse aucun de ses sujets revenir parmi les vivants, est aidé par de nombreux démons et génies. D'habitude, on ne nomme pas Hadès par crainte d'exciter sa colère.

Hermès, le dieu ailé

Fils du grand Zeus, le jeune dieu Hermès est le « héraut divin ». Il porte les messages des dieux et des déesses de Grèce, comme le facteur. Pour cela, il doit se déplacer rapidement, courir sur la Terre ou voler dans les cieux. Voilà pourquoi Hermès endosse le manteau des voyageurs, chausse des sandales ailées et se coiffe d'un chapeau à larges bords orné d'une paire d'ailes. Puisqu'il connaît si bien les chemins de l'Univers, Hermès est aussi le dieu de tous ceux qui se déplacent : les voyageurs, les commerçants et les voleurs. Il conduit aussi les défunts du Monde des Vivants à celui des Morts.

Au palais de Cocalos

Le lendemain, à son réveil, Dédale ne ressent plus la fatigue du voyage. Il construit avec quelques pierres un autel afin de prier les dieux et de leur offrir son seul bien : ses ailes.

L'offrande faite et les prières dites, plus pauvre encore que lorsqu'il a quitté Athènes, plus malheureux aussi, Dédale songe un instant à ses parents, à Icare, à Naucratè. Puis, trouvant en lui un nouveau courage, il se lève et s'en va. Longeant le rivage de cette île inconnue, il se dirige vers la ville qu'il aperçoit au loin.

Le soleil est déjà haut dans le ciel quand Dédale découvre un charmant petit port aux ruelles étroites. Il admire les maisons en briques crues, bois et pisé, couvertes de toits en roseaux, et leurs cours-jardins. Souvent invité par les habitants qui lui proposent à boire et à manger, il les remercie pour leur gentillesse. Mais il poursuit son chemin, pressé de se présenter au roi du pays, comme tout voyageur doit le faire dès son arrivée.

La journée touche à sa fin quand Dédale arrive aux portes soigneusement closes du palais. Le garde le prie d'attendre quelques instants et s'éloigne. Il traverse à grands pas la cour inondée de soleil et disparaît dans un sombre couloir. À cette heure-là, le roi Cocalos dîne en famille dans la salle d'honneur au haut plafond.

– Mon maître, lui dit le garde, un étranger couvert de poussière est à la porte du palais. Faut-il le conduire ici ou chercher ailleurs qui l'accueillera ?

– Voyons ! s'indigne le roi. Accompagne-le aux bains et, quand il sera prêt, amène-le ici, qu'il partage notre festin !

Aussitôt, le garde mène Dédale aux bains. Sans attendre, des servantes le lavent dans une vaste cuve, puis elles le frottent d'huile parfumée. Elles s'étonnent de le voir pleurer, ignorant qu'il songe à Naucratè sa belle esclave, à Icare, à sa vie si douce en Crète, une vie perdue pour toujours... Sans lui poser de questions, elles l'habillent d'une tunique propre et posent un manteau de laine sur ses épaules.

Le voyant prêt, le garde le conduit dans la salle d'honneur. Dédale entre et se jette immédiatement aux genoux du roi pour implorer son aide.

– Ô Souverain généreux ! dit-il en s'asseyant, comme le veut la coutume, dans les cendres du foyer placé au milieu de la pièce. Je vous supplie de m'accorder…

– Qui que tu sois, relève-toi, étranger. Mange et bois tout à loisir. Jusqu'à ton départ, tu vivras en mon palais, le rassure Cocalos, un homme au sourire chaleureux, à la poitrine et aux épaules larges. Viens près de moi. Ce fauteuil t'attend.

Déjà une servante installe devant Dédale une table, du pain et une coupe de vin doux.

– Bon appétit, noble Voyageur ! dit joyeusement le roi. Une fois restauré, tu nous diras qui tu es. Car le bon moment pour interroger son hôte et connaître son nom, c'est quand il a profité des plaisirs de la table. Pas avant.

Alors, Cocalos choisit le meilleur morceau d'un filet de bœuf rôti qu'il offre à son invité. Touché par tant de générosité, Dédale prend la viande à pleines mains et s'en régale. Il découvre alors qu'il a faim, n'ayant rien mangé depuis son départ de Crète.

Après avoir soupé et bu de nombreuses coupes de vin doux, il se sent mieux.

– Maintenant, dis-moi ton nom, étranger, lui demande doucement le roi. D'où nous arrives-tu ?

– Je viens de loin, d'Athènes et de Crète.

– Fais-tu le commerce ?

– Non, Majesté.

– Es-tu un pirate qui risque sa vie en pillant les navires et les côtes étrangères ? Ou bien es-tu perdu ?

– …

– Parle sans crainte, étranger. On m'affirme, et cela m'étonne, qu'aucun bateau n'est arrivé au port. Alors, si tu n'es pas venu par la route des mers, comment es-tu arrivé sur mon île ?

– Majesté, répond enfin Dédale, j'ai suivi le chemin des airs. Mais mon histoire commence, il y a des années, au palais royal d'Athènes où je suis né…

Et, sans rien cacher, Dédale raconte sa vie. Avec des sanglots dans la voix, il conclut par la mort d'Icare.

Icare !

Le simple fait de prononcer ce nom bouleverse son âme. Des larmes jaillissent de ses yeux fatigués.

Alors, il se cache le visage dans les plis de son manteau pour pleurer.

Le roi et sa famille respectent sa douleur et attendent en silence que son chagrin s'apaise.

– Seuls les dieux ou le temps calmeront sa souffrance, murmure la reine en contemplant le feu qui crépite sur le large foyer circulaire.

– Noble Roi, pouvez-vous me cacher du terrible Minos ? supplie Dédale en séchant ses pleurs.

– Tu es ici chez toi, lui répond Cocalos. Tu seras mon architecte, mon sculpteur et mon inventeur. Tu embelliras mon palais, ma ville, tout mon royaume.

– Que l'on prépare pour Dédale d'Athènes un lit confortable dans le vestibule, ordonne la reine à ses servantes. Qu'on lui apporte tout ce dont il a besoin !

Et Dédale l'exilé, le fuyard retrouve une vie calme et douce, pour la seconde fois.

Les semaines et les mois passent.

Dédale travaille beaucoup. Il agrandit le palais royal et propose au roi des projets tous plus extraordinaires les uns que les autres : un barrage sur une rivière pour éviter les inondations du printemps, une citadelle imprenable et d'astucieux tuyaux conduisant les eaux chaudes des sources volcaniques jusque dans la salle des bains du palais. Cocalos est enchanté et Dédale heureux.

La Sicile, l'île de Cocalos

Située au sud de l'Italie, la Sicile est une grande île montagneuse avec de petites plaines en bordure de mer. Un volcan redoutable et toujours actif, l'Etna, domine l'île et gronde parfois, faisant trembler ses habitants. Sa position centrale en Méditerranée en fait un lieu de rencontre facile pour les peuples qui vivent autour de cette mer. La légendaire histoire de Dédale est un beau témoignage des contacts noués, en ces temps anciens, entre Siciliens, Grecs et Crétois. Si l'on en croit ces légendes, le premier roi de l'île, Cocalos, habite en son palais proche du petit port de Camicos, sur la côte sud de l'île. Il est le roi des Sicanes, les premiers habitants de la Sicile.

LA RAGE DE MINOS

Pendant ce temps, loin de là, le roi Minos ne décolère pas. Ses prisonniers se sont échappés et ses gardes les cherchent en vain depuis des jours et des jours ! Seuls, un pêcheur, un berger et un laboureur, des fous certainement, affirment avoir vu des hommes volants ou des dieux survoler la Crète.

– Qu'Icare se soit échappé, passe encore ! hurle le roi. Tout compte fait, cet enfant n'a rien fait de mal, mais Dédale, non. C'est inadmissible. Il m'a trahi deux fois et mérite deux fois la mort.

– Ô mon Roi, nous les trouverons, promet le chef de la garde, qui craint la colère royale.

– Bande d'incapables, je vais m'en occuper moi-même ! décide Minos. J'y passerai le temps qu'il faudra, mais je les retrouverai. Prépare mes meilleurs bateaux avec mes meilleurs marins et mes meilleurs soldats, et n'oublie pas les provisions, eau, vin, farine, huile…

Enfin, ce qu'il faut pour un long voyage en mer.

– Tout sera prêt, Majesté.

– Maintenant laisse-moi, il me faut réfléchir... Ce maudit Athénien a-t-il réussi à voler comme les oiseaux du ciel ? murmure-t-il. Hummm, il en est bien capable et cette histoire d'hommes volants n'est peut-être pas aussi folle qu'il y paraît. Dans ce cas, Dédale est loin maintenant.

Dès le lendemain, l'expédition est prête. Après les prières et les offrandes aux dieux, Minos embarque sur son plus beau navire à vingt rameurs. Cuirasses couvertes de plaques métalliques, boucliers ronds, jambières de métal, casques, lances et épées, ses soldats embarquent à sa suite.

Enfin, l'heure du départ arrive. L'impatient Minos ordonne de faire voile vers l'ouest, vers les pays du soleil couchant.

Pendant le jour, la rage au cœur et rêvant de vengeance, le roi scrute le ciel. Il écoute le bouillonnement des flots. Au crépuscule, il jette l'ancre dans une anse abritée des vents ou tire ses navires sur le rivage. À chaque fois, pendant que ses marins cherchent eau

douce et nourriture, il interroge les habitants des lieux.

– Avez-vous vu des étrangers par ici, un homme et son fils, ou remarqué d'étranges oiseaux ? demande-t-il, plein d'espoir.

D'escale en escale, c'est toujours la même réponse : non. Pas la moindre trace des fuyards. Rien.

Déçu, mais pas découragé, le roi poursuit son voyage, jusqu'au jour où il entend ce qu'il rêvait d'entendre :

– À bien y réfléchir, c'est vrai qu'une fois, j'ai vu de curieux oiseaux, lui raconte un vieux pêcheur de l'île de Samos. Y en a même un qui a perdu ses plumes.

– Des oiseaux ou des hommes ? interroge Minos, tout heureux à l'idée de capturer Dédale.

– Les hommes ne volent pas, poursuit le vieillard en haussant les épaules. Donc c'étaient des oiseaux… ou plutôt des dieux, des dieux ailés… En tout cas, ils volaient et je ne suis pas fou. J'ai bien vu. Ils étaient deux, un grand et un petit. C'est le petit qui est tombé comme une pierre, là-bas, dans la mer.

– Je te crois, brave homme, le rassure Minos, au comble de la joie. Et l'autre, qu'a-t-il fait ?

– Le grand ? Il a continué son vol vers le soleil couchant.

Grâce au vieux pêcheur, Minos retrouve le sourire. Il se frotte les mains de bonheur et regagne à grands pas l'anse où mouillent ses navires. Devant attendre les premières lueurs de l'aube pour repartir, il bout d'impatience toute la nuit.

Le sommeil le fuit.

Dès que le ciel s'éclaircit, le roi se lève. Il crie et bouscule ses hommes. Il ne se calme que lorsque ses vaisseaux foncent vers l'ouest. Alors, silencieux, à l'avant de son navire lancé à pleines voiles, Minos s'écrie face à la mer :

– Icare est mort noyé ! Bonne nouvelle. Quant à toi, Dédale, le malheur t'a déjà frappé puisque tu as perdu ton fils. Une fois encore, les dieux t'ont protégé, mais tremble Dédale, tremble !

La mer semble lui répondre. Les vagues grossissent, grondent, éclaboussent le pont où il se tient fièrement…

Est-ce Poséidon qui le menace ?

Tout à sa vengeance, Minos n'y prend pas garde.

– Dédale, où que tu sois, j'arrive ! continue le roi.

Tu te caches ? Je te trouverai. Tu ruses ? Je ruserai. Je découvrirai ta cachette et t'enverrai rejoindre ton fils dans le Monde des Morts, le sombre Royaume d'Hadès.

Le vent fouette son visage. Une vague plus forte que toutes les autres inonde l'avant du bateau. Minos recule de quelques pas. Adossé au grand mât, il réfléchit toujours. Il veut trouver la ruse qui lui permettra de débusquer Dédale.

Il cherche, cherche encore…

Soudain, ça y est, il a trouvé !

À chaque escale, il posera une énigme et promettra une récompense à celui qui fera passer un fil dans les spirales d'une coquille d'escargot sans la casser.

Minos est certain que seul Dédale peut réaliser un tel exploit. Ainsi, le jour où on lui apportera la solution, il saura que Dédale se cache près de là.

La coquille d'escargot

Excité par l'horrible espoir de punir Dédale, Minos poursuit son voyage vers l'ouest. Parfois, la mer se déchaîne, une tempête redoutable le retarde, l'orage gronde, mais peu lui importe. Il est certain d'approcher du but.

À chaque escale, une pelote de fil et une coquille d'escargot à la main, le roi demande à tous les habitants qu'il rencontre si l'un d'eux saurait faire passer un fil dans une coquille d'escargot sans la casser. Il n'oublie jamais de promettre une belle récompense. Mais il obtient toujours la même réponse :

– Sans la casser ? Que dis-tu là, étranger, c'est impossible. Fais-le donc toi-même si tu en es capable !

Indifférent à leurs rires moqueurs, Minos avoue alors qu'il ignore la réponse à sa propre devinette et, sans se décourager, retourne à ses navires.

Dès l'aube du lendemain, il reprend la mer. Lancés

à pleines voiles, ses vaisseaux foncent toujours vers l'ouest, vers les pays du soleil couchant.

Les jours passent.

Enfin, un soir, ses navires s'arrêtent sur une île isolée, vaste et belle.

Aussitôt descendu à terre, Minos se promène dans un charmant petit port, questionnant les habitants, comme d'habitude. Il arrive ainsi au palais royal et demande à voir le roi. Fort bien accueilli, il est conduit aux bains, selon la coutume, puis dans la Salle d'Honneur.

– Ô généreux Souverain, dit-il en entrant, je navigue depuis des mois sur la mer immense et...

– Qui que tu sois, étranger, lui répond le roi Cocalos, mange et bois tout à loisir. Viens près de moi. Ce fauteuil t'attend.

Déjà une servante installe devant Minos une table, du pain et une coupe de vin doux.

– Bon appétit, noble Voyageur ! poursuit le roi. Tu nous diras qui tu es quand tu auras profité des plaisirs de la table, pas avant.

Alors, sans dire ni son nom ni son titre, Minos s'assied près de lui. Le feu crépite, les mets sont exquis, la conversation charmante. S'accompagnant de sa lyre, l'aède chante un long poème célébrant les dieux et les héros des temps anciens.

Cette belle et longue soirée touche à sa fin quand Minos pose sa devinette et promet une belle récompense à l'astucieux gagnant.

Le roi Cocalos, que cette histoire d'escargot et de pelote de fils amuse, aimerait y répondre. Il réfléchit longuement, mais ne trouve pas de solution. Il interroge en vain sa femme, ses enfants et tous ses conseillers.

Personne ne peut résoudre le mystère.

« Seul Dédale trouvera la solution, songe le roi. Cet homme astucieux et savant saura comment s'y prendre. »

L'aube est proche lorsque le festin se termine. La reine fait dresser un lit dans le vestibule pour Minos et chacun va se coucher, sauf Cocalos qui court chez Dédale. Il le réveille sans hésiter, lui parle de la devinette de l'étranger et de la récompense promise.

Dédale se frotte les yeux, s'assied sur son lit. Quelques instants lui suffisent pour trouver la solution de l'énigme qui pour lui n'en est pas une.

– C'est très simple, explique-t-il. Il suffit d'attacher le fil à une fourmi et de pousser l'animal dans la coquille.

Une coquille n'est qu'un minuscule Labyrinthe…

– Excellente idée ! se réjouit le roi. Mais es-tu vraiment sûr de toi ?

– Majesté, regardez.

Alors, joignant le geste à la parole, Dédale noue un fil autour du ventre d'une fourmi qui passait par là. Il la pousse dans une coquille d'escargot vide et, sous le regard émerveillé de Cocalos, le minuscule animal y disparaît, entraînant le fil derrière lui.

– Apportez cette réponse à l'étranger, Majesté. Il en sera satisfait et vous aurez la récompense.

– Merci, mon ami, merci, balbutie Cocalos, la coquille d'escargot à la main.

Les oiseaux saluent par leurs chants le lever du soleil quand le roi sort, tout content, de la chambre de Dédale. S'il avait jeté un coup d'œil, même rapide, sur lui avant de le quitter, il aurait remarqué la pâleur de son visage, l'agitation de ses mains, une certaine crainte dans son regard. Mais il n'a rien vu. Le savant referme doucement la porte de sa chambre derrière le roi.

Cet étranger l'inquiète. Cette devinette lui déplaît.

Il sent un piège et, si piège il y a, il ne peut venir que de Minos !

La guerre ou la ruse

Lorsque, le lendemain au milieu du jour, le roi Cocalos retrouve son hôte dans la salle d'honneur, il lui apporte la réponse à sa devinette : une coquille d'escargot intacte parcourue par un fil ! Comprenant aussitôt que Dédale est là, quelque part dans ce charmant petit port, peut-être même au palais, Minos se lève brusquement de son fauteuil et s'approche de Cocalos.

– Ô généreux Souverain, menace-t-il, il est temps que vous connaissiez mon nom. Je suis Minos, roi de Crète, et j'exige que vous me remettiez Dédale. Cet homme est mon prisonnier. C'est un traître, un fuyard, un être malfaisant…

Effrayé par la violence de son invité, Cocalos ne sait que dire.

– Dédale est mon hôte, comme vous, roi Minos, déclare-t-il enfin d'une voix hésitante. Il est sous ma protection. Chacun connaît et respecte les liens qui unissent celui que l'on accueille à celui qui l'accueille.

– Cet homme a commis de grandes fautes ! hurle Minos en roulant des yeux furieux. Il est mon prisonnier et ne peut donc bénéficier de votre protection !

– Évidemment, mais…

– Ses fautes sont si graves que, si vous m'y obligez, ce sera la guerre entre nous ! Sur mes navires, Roi Cocalos, mes soldats n'attendent qu'un signe de moi pour attaquer votre palais et conquérir votre royaume.

Disant cela, il marche de long en large dans la salle d'honneur. Soudain, il revient vers Cocalos, l'œil mauvais et le poing rageur :

– N'oubliez pas que je suis Minos, fils d'Europe et de Zeus, le dieu du Ciel et de la Terre.

– Je le sais, s'affole Cocalos en se tassant sur son fauteuil. Je vais… Dédale sera à vous… dès demain.

– Voilà qui est juste et raisonnable, se réjouit le Crétois en éclatant de rire, mais pourquoi pas tout de suite ? Où est-il donc, loin du palais ?

L'une de ses mains s'abat brutalement sur l'épaule de Cocalos. C'en est trop. D'un mouvement brusque, celui-ci se dégage. Pour gagner du temps, il sourit au redoutable Minos puis, le regardant droit dans les yeux, ajoute d'une voix douce :

– Pour vous honorer, puissant Souverain, fils des dieux, permettez que je donne ce soir un banquet en votre honneur.

– Un banquet ? Fort bien, je vous en remercie. Cependant, n'oubliez pas votre promesse. Demain, vous me livrerez Dédale !

– Soyez sans crainte, je n'ai qu'une parole.

Sûr de sa victoire, Minos quitte bruyamment la salle d'honneur, sort du palais et rejoint ses navires. Il veut donner quelques ordres à ses hommes afin que le prisonnier ne leur échappe pas une seconde fois.

Pendant ce temps, le roi Cocalos appelle ses serviteurs et leur ordonne d'organiser un banquet.

– Choisissez mes meilleurs vins et préparez des nourritures exquises, précise-t-il. Prévenez la reine et… laissez-moi.

Accablé par cette affreuse conversation, le roi Cocalos a besoin de réfléchir. La situation est grave. Il a peur. Il sait que le roi Minos est un guerrier redoutable, invaincu à ce jour.

Il sait que les soldats crétois sont plus puissants et mieux armés que les siens.

Il sait qu'il perdrait la guerre si elle avait lieu.

Il sait aussi que Minos est fils de Zeus, mais que Poséidon est en colère contre lui, attendant toujours l'offrande du taureau divin.

Il sait enfin que Dédale est arrivé par le chemin des airs, or seul un homme aimé des dieux peut réussir un tel exploit.

Sa décision est prise : il doit le protéger, le sauver d'une mort certaine, comme l'exigent les dieux et les règles de l'hospitalité. Mais comment y parvenir ? L'affaire est délicate. Il réfléchit encore.

« Puisque la force est avec Minos, songe-t-il, il ne me reste plus que la ruse. »

Sans plus attendre, passant par des chemins détournés et prenant grand soin de ne pas être vu, Cocalos rejoint Dédale, certain qu'il saura éloigner les dangereux Crétois.

Sitôt arrivé, il s'assied près de lui et garde le silence. Abandonnant ses travaux et posant ses outils, Dédale remarque immédiatement son air grave. Il ne lui en faut pas plus pour comprendre la raison de sa visite.

– Majesté, je sais ce qui vous préoccupe, lui dit-il. L'étranger à la devinette si amusante est Minos de Crète.

– Oui ! s'étonne Cocalos. Mais comment le sais-tu ? D'ailleurs, peu importe. Plein de fureur, il parcourt les mers à ta recherche depuis des mois et son énigme n'était qu'un piège pour te retrouver. Maintenant, il sait que tu es là. Il menace et parle de guerre. Il exige de…

– Veut-il que je me rende ?

– Oui, se désespère Cocalos.

– Veut-il me tuer ?

– …

La chaleur devient plus lourde et le temps semble suspendu. Les deux hommes gardent le silence. Par la fenêtre, ils admirent le ciel d'un bleu si pur où planent des hirondelles.

– Ainsi, il veut ma mort, reprend Dédale.

– Mais je ne veux pas ! s'écrie le roi. Ne sors plus, cache-toi ici. Pour gagner du temps, je donne un banquet ce soir en son honneur. Mais ensuite, que faire ? As-tu une idée ?

– Majesté, rien de plus simple, le rassure Dédale.

Et, en quelques mots, il lui explique comment se débarrasser de Minos.

Puis, ignorant le sort qui les attend, les deux hommes invoquent Zeus, le grand dieu. Ils espèrent un signe divin, un peu d'espoir… Presque aussitôt, un cri rauque retentit et, par la fenêtre, ils voient un aigle surgir sur la droite. Le bel oiseau approche à coups d'ailes rapides, plane au-dessus du palais et soudain disparaît.

– Un aigle, venu de la droite, s'exclame Dédale… Je puis vous dire, mon Roi, que c'est un signe favorable !

Oiseaux et présages

Permettant de connaître la pensée des dieux et donc de deviner l'avenir, les présages jouent un rôle important en ces temps anciens. Les dieux et les déesses envoient, dit-on, des signes aux hommes. Ils leur parlent de bien des façons : une grande lumière ou un coup de tonnerre, l'apparition d'un serpent effroyable, des rêves ou des cauchemars, le vol des oiseaux, les entrailles d'un animal sacrifié, etc. Toutes ces manifestations prennent un sens quand elles surviennent à un moment important : une cérémonie, un départ, une arrivée, un combat… Seuls les devins, les prêtres et les savants peuvent comprendre et expliquer aux hommes les messages divins.

Bonheurs sans fin

Quelques heures plus tard, tandis que Cocalos, la reine et toute la famille royale se préparent pour le banquet, un serviteur accompagne Minos aux bains, comme le veut la coutume.

Le roi de Crète est de fort bonne humeur puisqu'il a retrouvé le fuyard. Dans la salle des bains, les filles du roi l'attendent pour le baigner, le frotter d'huile parfumée avant de lui offrir la superbe tunique de lin qu'elles ont elles-mêmes tissée.

Flatté d'être ainsi honoré et certain de la soumission de Cocalos, Minos s'allonge dans la cuve de pierre et se détend. Il sourit aux princesses qu'il trouve ravissantes. Il revoit un instant le visage si doux de sa fille Ariane, la traîtresse qu'il espère noyée dans la mer immense ou perdue sur une île sauvage. Peu lui importe qu'elle soit vivante ou morte. Elle n'existe plus pour lui.

Minos ferme les yeux, s'étire. Il rêve en songeant que, demain, Dédale sera entre ses mains.

« Il est temps de punir sévèrement, cet Athénien maudit, se dit-il ivre de vengeance. Une mort brutale me semble bien douce pour lui, je pourrai… »

Et tandis que le roi cruel imagine l'agonie du savant, les derniers rayons du soleil se glissent dans la salle des bains. Il entend les jeunes princesses qui s'affairent autour de lui. Elles rient, bavardent, préparent les huiles et les serviettes. Soudain, rapides et efficaces, elles s'approchent et versent, dans la cuve, l'eau bouillante venue des sources volcaniques grâce aux tuyaux installés par l'astucieux Dédale.

« Aaahhh ! hurle Minos, ébouillanté. Aaahhh ! »

Il tente en vain de s'accrocher aux bords de la cuve. Ses mains battent l'air un court instant. Ses membres se raidissent. Ses yeux roulent sous ses paupières closes.

L'eau coule, de plus en plus brûlante, sur le corps de Minos.

Un murmure, un dernier souffle, et son esprit s'éteint comme une flamme. Son cœur s'arrête. Minos glisse au fond de la cuve.

– Il ne bouge plus... Il est mort ! se réjouissent les princesses. Surveille-le, ordonnent-elles au serviteur, mais il ne risque pas de s'échapper.

Déjà elles quittent la salle des bains, traversent le palais en riant. Elles courent retrouver leur père dans la salle d'honneur. Essoufflées, parlant toutes en même temps, elles lui annoncent la mort du roi Minos, ébouillanté exactement comme le souhaitait Dédale.

Cocalos embrasse ses filles, l'une après l'autre. Il les félicite, les remercie.

Grâce à elles, la guerre n'aura pas lieu et Dédale ne mourra pas !

Puis il ordonne à ses gardes d'apporter le corps de Minos aux Crétois, qui l'attendent sur leurs navires, afin qu'ils l'enterrent où ils le souhaitent selon la volonté des dieux. Enfin, se calant dans son fauteuil, il leur demande d'apprendre à Dédale la bonne nouvelle.

Parsemé d'étoiles scintillantes, le ciel est d'un bleu sombre, presque noir, lorsque le banquet commence.

Après les prières et les offrandes faites aux dieux, servantes et serviteurs apportent aux convives des mets raffinés et des coupes de vin doux. Chacun se régale tout en écoutant les chants de l'aède qui raconte les aventures divines. Le son de sa lyre accompagne sa voix mélodieuse.

Après les peurs de cette terrible journée, le feu, qui crépite sur le foyer au centre de la salle, semble plus joyeux, les mets plus raffinés, le vin plus parfumé…

– Ah ! mon ami, soupire Cocalos, par tes ruses, tu as sauvé ta vie et tu nous as évité la guerre. Je te le redis : demeure en mon royaume le temps que tu voudras. Tu es ici chez toi !

– Noble Roi, grâce à vous, je retrouve, pour la troisième fois, une vie calme et douce, le remercie Dédale, ému par sa bonté.

Les semaines et les mois passent.

Désormais, Dédale travaille en toute tranquillité dans son atelier du palais royal. Il continue d'embellir le royaume du roi Cocalos.

Peu à peu, sa barbe et ses cheveux blanchissent. Son visage se ride. Son dos se voûte. Mais ses travaux, étonnants d'audace et d'astuce, lui apportent l'admiration de tous.

Émerveillés par son talent, les meilleurs artisans lui confient l'éducation de leurs fils les plus astucieux. Chaque matin, ces jeunes garçons rejoignent leur maître dans son atelier. Ils le regardent faire, l'écoutent, l'imitent, l'admirent et l'aident du mieux qu'ils peuvent.

Le vieux savant leur apprend tout ce qu'il sait et répond à leurs questions. Il se réjouit de leurs progrès car, maintenant, il ne ressent plus aucune jalousie. Parfois, les voyant autour de lui, si attentifs à ses paroles, le fixant de leurs grands yeux sombres, Dédale s'immobilise un instant. Son regard s'attriste et sa voix se brise. Il songe à Talos, son premier élève, et plus encore à Icare, son bel enfant.

Comme tout cela lui semble loin !

Les années succèdent aux années.

Devenu un vieillard à l'œil toujours pétillant de malice, Dédale s'endort un soir pour ne plus se réveiller. Il meurt sans un bruit, sans un cri, sans une plainte, heureux de rejoindre ceux qu'il a aimés dans le sombre Royaume d'Hadès.

Dès le lendemain, la nouvelle de sa mort se répand en quelques heures. On pleure, on se lamente et l'on enterre le vieux savant avec tous les honneurs.

Le soir même, lors d'un triste dîner au palais, l'aède prend sa lyre et, les yeux pleins de larmes, raconte avec des mots choisis la vie du prince Dédale, l'architecte audacieux, le sculpteur habile, l'homme aux mille ruses, l'inventeur de génie. Autour de lui se fait un grand silence. La gorge serrée par l'émotion, ceux qui ont tant aimé Dédale écoutent l'histoire de sa vie.

– Il y a bien longtemps de cela, chante-t-il, au palais royal d'Athènes, la reine Alcippé mit au monde son premier fils. Vite lavé, vite séché et enveloppé de linges blancs par les servantes, l'adorable nouveau-né s'endort déjà. Il a l'œil vif, le bras agile, le cheveu sombre et la bouche gourmande. Une merveille de bébé !…

Table des matières

Jours de joie au palais 7
Un prince de génie 15
Jalousie 23
Vengeance ou justice 31
Partir sans un adieu 39
L'île du roi Minos 47
Se taire ou avouer 53
Icare 61
L'oubli de Minos 67
La reine et le Minotaure 73
Le Labyrinthe 79
Le festin du Minotaure 87
Ariane et Thésée 93
L'île déserte 101
Des plumes et de la cire 107
Les chemins du ciel 111
Au palais de Cocalos 119
La rage de Minos 125
La coquille d'escargot 131
La guerre ou la ruse 135
Bonheurs sans fin 143